シリーズ「遺跡を学ぶ」144

日本古代国家建設の舞台

平城宮

渡辺晃宏

新泉社

日本古代国家建設の舞台
―平城宮―

渡辺晃宏

【目次】

装　幀　新谷雅宣
本文図版　松澤利絵

第1章　世界遺産・特別史跡「平城宮跡」

1　遺跡としての平城宮跡

平城宮とは?

平城宮は、奈良の都平城京の北端に設けられた宮城で、政治・行政の中枢施設である（図1・2）。その構成要素は、大極殿《だいごくでん》・朝堂院《ちょうどういん》、官衙《かんが》（役所）、内裏《だいり》、東宮《とうぐう》などであり、たとえていえば、現在の国会議事堂、霞が関の官庁街、皇居、東宮御所を合わせたような施設である。平安京では大内裏《だいだいり》とよぶ。

平安宮については、その図面が伝来しており（図33参照）、特定の時期についてではあるが、施設配置がわかる。これに対し平城宮の構造を伝える図面は現存せず、その全体構造は発掘調査成果にもとづいて組み立てていくしかない。

これまでの調査成果によれば平城宮では奈良時代前半と後半で大きな造り替えがあり（図

３）、奈良時代後半には平安宮との類似性が認められる。換言すれば、長岡宮を通じて平安宮に受けつがれていく要素は、奈良時代後半に形成されていったことが見通せるようになってきた。奈良時代前半はそれにむけての試行錯誤の過程であったといえる。

平城宮跡の遺跡としての特徴

平城宮跡の遺跡としての特徴を整理しておこう。まず第一に、廃都後、基本的に田畑として利用され大規模に開発されることなく千年以上を経過したために、八世紀の遺跡が良好な状態、かつ発掘調査しやすい状況で守られてきたことをあげよう。それは奈良時代後半の大極殿・朝堂の基壇が、近代までその高まりを残した状態で遺存して

図１ ● 平城宮跡全景（南から）
背後には、離宮松林苑が展開する奈良山丘陵が控える。それを越えれば木津川に設けられた水運の拠点泉津（いずみつ）に至り、瀬田川や淀川を通じて琵琶湖方面や難波とも直結していた。

おり、視覚的に認知されやすい状況であったことに端的にあらわされる（図4）。しかし、それだけではない。平城京の条坊《じょうぼう》の痕跡だけでなく、平城宮の役所区画の痕跡までもが、水田や畑地の地割《じわり》として一二〇〇年もの間、土地に刻まれる形で残されてきていたのである（図5）。

第二に、世界遺産・特別史跡として手厚い保護の下に置かれた遺跡であることをあげよう。これはなによりも先人のたゆまぬ努力のたまものである。遺跡が良好な状態で残っていることと、それを知り、研究すること、そしてその保存を図ることとは、また別の次元の話である。

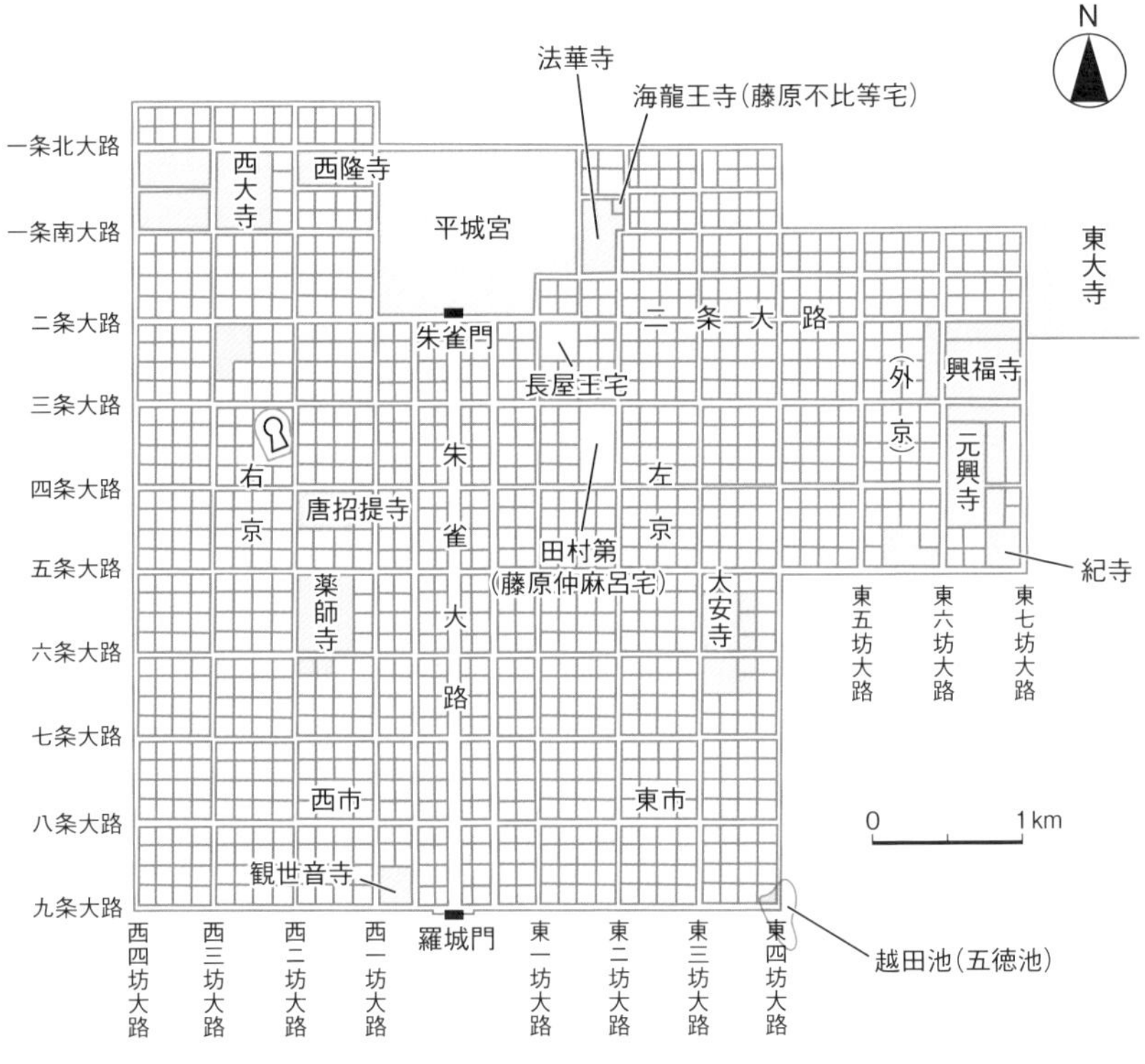

図2 ● 平城京と平城宮
平城宮は、都市平城京の北端に設けられた政治・行政の中枢施設。藤原京では京の中央に宮を設けたが、平城京では唐の都長安にならって北端にあらためた。

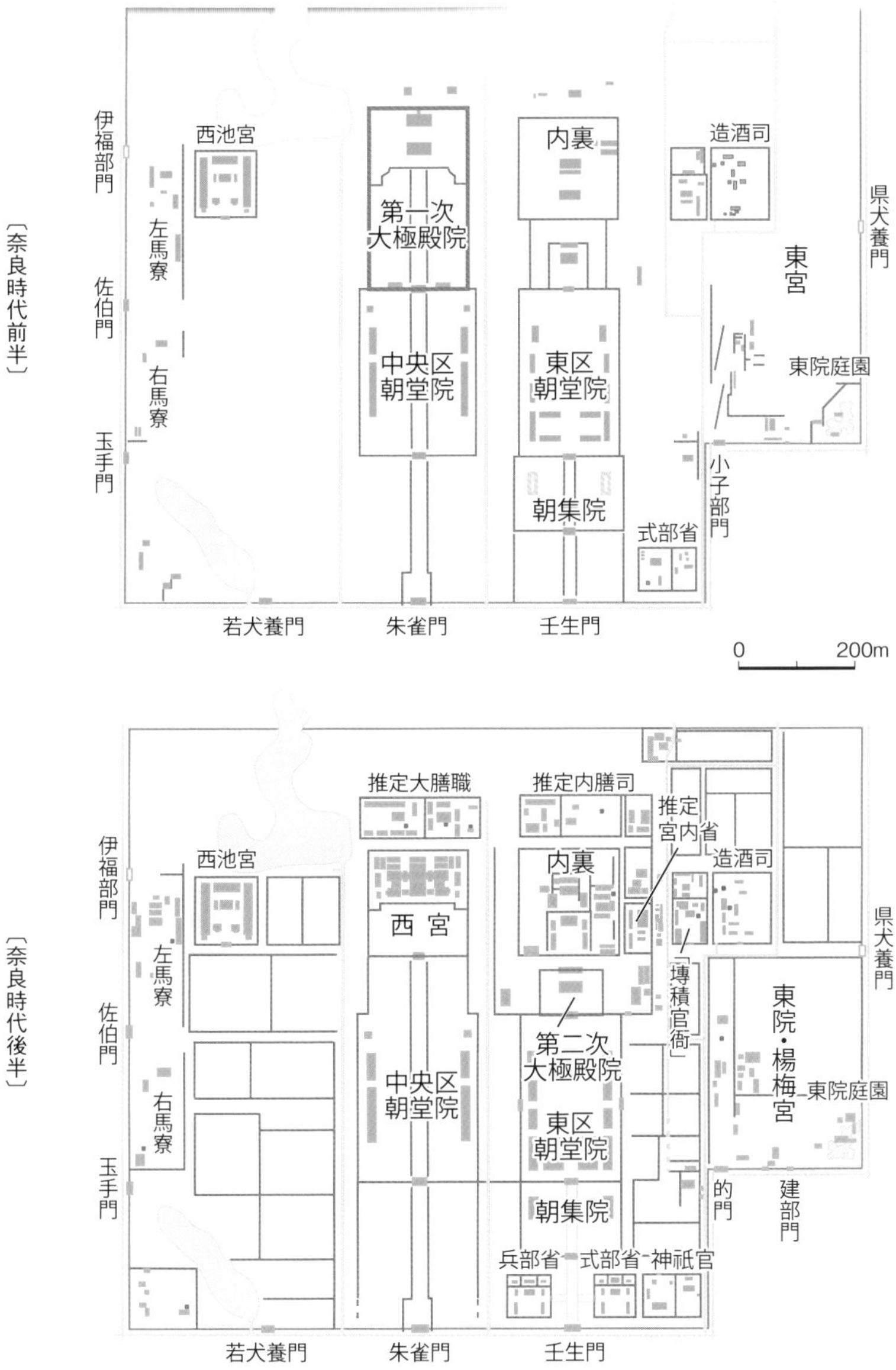

図３ ● 奈良時代前半（上）と後半（下）の平城宮
平城宮の遺構は、首都機能が離れた740年から745年までをはさんで大きく前半と後半に分かれる。

棚田嘉十郎《たなだかじゅうろう》・溝辺文四郎《みぞべぶんしろう》をはじめ、地元の方々の地道な平城宮址保存運動が、一九二一年の当初の史蹟指定や、現在の第二次大極殿・東区朝堂院地区を主体とする土地公有化を生みだし、国道二四号線バイパス建設や近鉄の検車区設置の計画を契機とした全国的な保存運動のうねりが、特別史跡指定と土地公有化の拡大を生み、現在の平城宮跡の姿を形づくってきたのである。

遺跡の良好な遺存自体が奇跡的といえようが、それをさらに近代以降の大規模開発から守り抜いて来られたのもまた、これを奇跡といわずしてなんであろう。

第三の特徴としては、遺跡に関する豊富な文献資料の存在をあげよう。平城京が首都だった時代の歴史については、国が編纂した正史である『続《しょく》日本紀《にほんぎ》』がカヴァーしており、しかも完存している（ただし、前半は最終的な編纂時に簡略化されている）。つづく正史の『日本後紀《にほんこうき》』は散逸が多

図4● 第二次大極殿基壇の往時の様子（西から。1965年、岡田庄三氏撮影）
「大黒の芝」とよばれていたころを髣髴とさせる、発掘調査前の第二次大極殿の基壇跡。

いが、平城太上天皇《へいぜいだいじょうてんのう》が平城還都《かんと》を企てた時期については記事が遺存している。このため当時の政治の舞台であった平城宮については、かなり豊富な記事が知られているわけである。ただ、『続日本紀』の編纂は最終的には平安京において完成されているから、奈良時代前半と後半とで大きな造り替えのあった平城宮の構造をどの程度理解して記事を整理したかは保証のかぎりではない。

これを補う役割をはたすのが、発掘調査によって出土する平城宮跡そのものが内包してきたさまざまな文字資料である。その存在を第四の特徴としてあげよう。出土文字資料はすなわち、遺跡・遺構の性格を決める手がかりとして重要な役割をはたす。これは平城

図５　平城宮内の遺存地割と区画の復元
平城京内の耕作地の地割から条坊区画を復元できるのと同様に、
平城宮内の地割から宮殿や役所の配置が浮かび上がる。

京の時代こそが律令国家建設の時代であり、その申し子ともよぶべき木簡《もっかん》使用の最盛期だったことが幸いしている。

このように、平城宮跡は、日本の遺跡のなかでもっとも恵まれた環境にある遺跡といって過言ではないだろう。

2 名称・形・構造

平城宮の呼称

いまでは平城宮・平城京という呼称が一般的であり、「へいじょうきゅう」「へいじょうきょう」と読む。しかし、少なくとも元は「へいぜい」が普通だった。平安時代初期の平城天皇（その名は文字どおり平城京への還都を企て、そこで没したことに由来する）が、「へいぜい」であって、けっして「へいじょう」とは読まないのがその端的な証拠である。

こうした読みの変化はともかく、少なくとも都の名称に関しては、平城京ではなく奈良京が原初的な表記であることが、ほかならぬ奈良文化財研究所（奈文研）の敷地で秋篠川《あきしのがわ》旧流路を改修した運河の埋立土から出土した、「奈良京」の表記をもつ遷都当初とみられる木簡によって明らかになった（**図6**）。「奈良」の表記は平城遷都直後の長屋王家《ながやおうけ》木簡にもみられ、「平城」や「寧楽」の表記よりも「奈良」が古そうだという見当はついていたが、都の名称についてもその確証が得られたのである。「なら」の音に当初は一字一音の「奈良」を当てていたものが、意味のよい別表記「寧楽」を用いたり、「ならす」の意味と結びつけて「平」を当てたりするようになり、さらに中国の都に実際に存在する「平城」の表記を援用するようになったというのが大まかな流れであるだろう。

いずれにしても、当時は「ならのみやこ」と訓読みしていたことはまちがいあるまい。それがいつから「へいぜい」と音読みするように変わったかは明らかでないが、一つには「平安京」との対比という要素は考えられよう。しかし、天皇の諡号に「平城」が用いられたのが決定的だったとみられる。そう考えるならば、平城宮・京があった時代には、「ならのみや」「ならのみやこ」が一般的な呼称だったと考えてよいだろう。

平城宮の不規則な構造とその理由

平城宮は、約一キロ四方の正方形に、東面の北四分の三にあたる約七五〇メートル分にだけ、約二六〇メートル分の張り出しがつくという、ほかに類をみない独特の形状をもつ。この東への張

図６　**「奈良京」木簡と赤外線拡大画像**
縦に半裁して籌木（ちゅうぎ＝くそべら）に転用された結果、文字は半分しか残らないが、偏と旁に分かれる文字でなかったことが幸いし、「奈良の京自（よ）り申す」と支障なく読みとれる。

り出し部分を広い意味で「東院《とういん》」とよぶこともあるが、史料にみえる東院は、張り出し部分の南半にあたる。北半は役所施設の所在地とみられ、東北官衙と称している。

平城宮がこうした不規則な形になったのは、大きく二つの複合要因による。一つは、平城宮の構造のもっとも大きな特徴といえる、宮の中心部に二つの政務空間（中枢区画）を設けたことである。この点は藤原宮《ふじわらきゅう》と比較すれば一目瞭然である。その根本的な要因は、大極殿機能の分割にあったとみられる（図7）。大極殿のもつ二つの機能、すなわち儀礼空間としての機能と日常政務空間としての機能を分割し、前者を藤原宮から朱雀門《すざくもん》北に移築した中国風の礎石《そせき》建《だ》ちの大極殿（第一次大極殿）に、後者を壬生門《みぶもん》北に新たに建設した日本風の掘立柱《ほったてばしら》建物（大安殿《だいあんでん》説が有力）に分担させたのである。

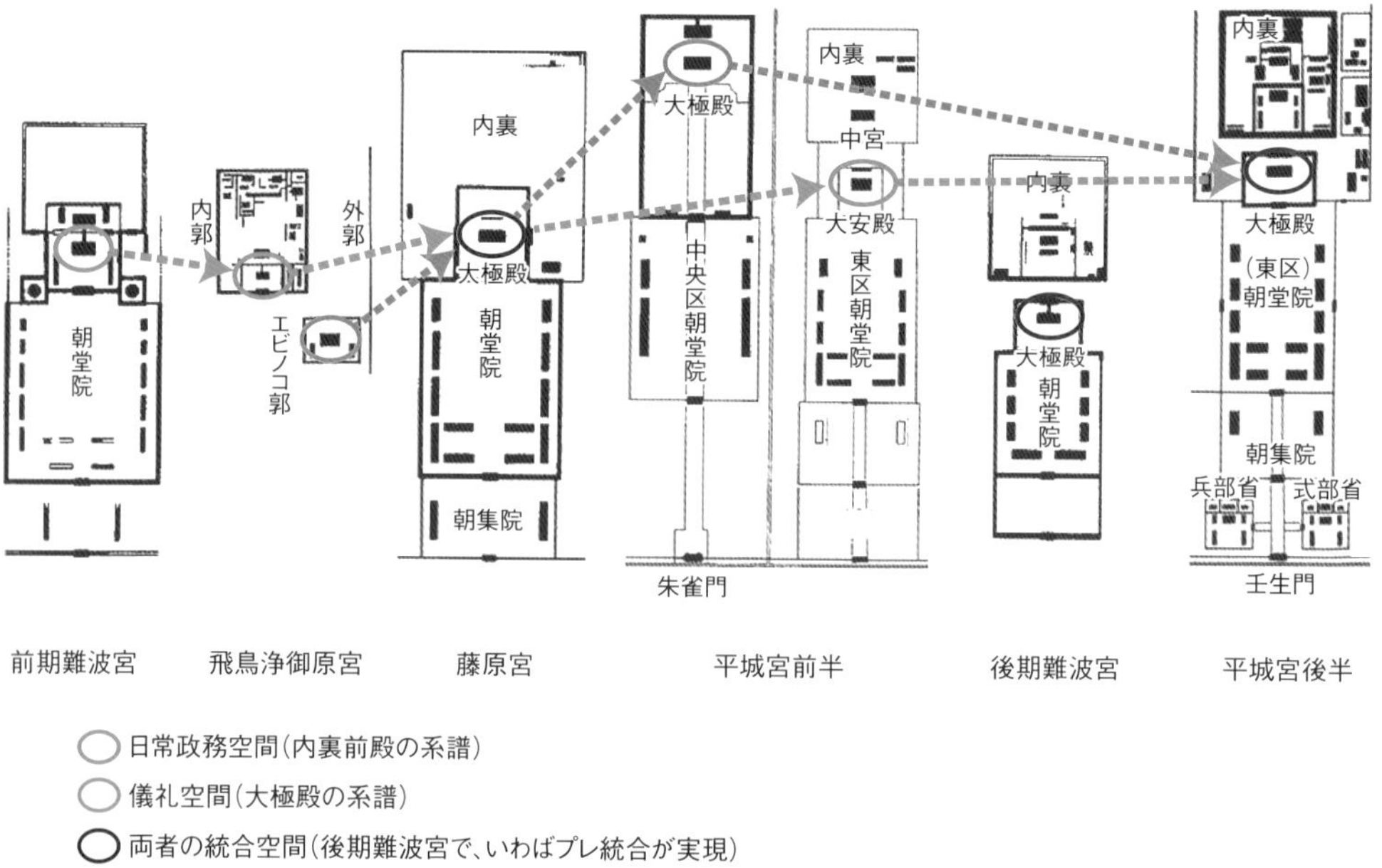

図7 ● **日本における大極殿の変遷**
大極殿の機能を日常政務空間と儀礼空間の二つに分けて考えると、平城宮の特異な構造が、大極殿の受容過程のなかに位置づけられることがわかる。

この機能分割自体は、奈良時代後半に壬生門北の大安殿を礎石建ちに建て替えて成立する大極殿（第二次大極殿）によって最終的に解消・統合に至る（そのいわばプレ統合は後期難波宮《なにわのみや》において実現していた）が、第一次大極殿院の跡地に内裏とほぼ同規模の宮殿区画である西宮《にしみや》が太上天皇宮《だいじょうてんのうきゅう》として建てられ、中央区朝堂院はそのまま残されたため、平城宮中心部を二つの中枢区画が占める構造は、奈良時代を通じて維持されることになった。

宮城中央にこうしたほかの宮城に例をみない空間を設けた結果、役所用地が不足し、宮城の拡張が必要になった。ところが、ここにもう一つ忘れてはならない要素があった。それは宮城正門としての朱雀門の位置である。平城京は、七世紀に設けられた大和盆地を縦断する三本の幹線道路の一つ、下ッ道《しもつみち》を拡幅してメインストリートである朱雀大路《すざくおおじ》を設ける形で設計され、平城宮の正門朱雀門は、その上に造営された。こうした条件のもと宮城を拡幅するとすれば、東西幅を広げるか、南北長さをのばすかであるが、南北への拡張は京域との関係から無理で、内裏を宮東寄りの壬生門真北の高燥な場所に置いたため、東西バランスから東への拡張を選んだようだ。それに、低湿な西への拡張は現実的ではなかった。

こうした地形の制約によって東へ拡張する場合、宮城の左右対称性を維持するには、朱雀門の位置を拡張幅の半分だけ東に移動せざるを得なくなる。しかし、朱雀門の位置は下ッ道の位置から動かせない。そこでとられた苦肉の策が、拡張部の南端部分を切り欠くことだったのだろう。平城宮の形について、不規則に東に張り出していると説明することが多いが、実態に即していうならば、東南隅を切り欠いたというのが正しい理解なのである。

3　平城宮の時期区分

平城京に都が置かれていたのは、七一〇年（和銅三）から七八四年（延暦三）までのあしかけ七五年間である。このうち、七四〇年（天平一二）から七四五年（天平一七）までの五年間は、恭仁《くに》、難波、紫香楽《しがらき》へと順次遷都をくり返したから、平城京が実際に首都機能をはたしたのは約七〇年間であった（**図8**）。

しかし、平城遷都、即、平城宮の完成というわけではないし、長岡遷都、即、平城宮の廃絶というわけでもない。平城宮のもっとも重要な建物である大極殿（第一次大極殿）の竣工は遷都から五年近くをへた七一五年（和銅八）正月の元日朝賀《がんじつちょうが》であった。また、そのほかの殿舎や区画施設も順次造営されていった様子が所用瓦の検討から明らかになってきている。

遷都から一年半あまりをへた七一一年（和銅四）九月に「今、宮垣未だ成らず、防守備わらず」と記された『続日本紀』の記事（同月丙子条）はけっして誇張ではなく、またそれがすぐ解消されたわけでもなかったのである（**図9、26・27頁参照**）。

さて、平城宮の遺構は何時期もの変遷が確認できる場所が多い。掘立柱建物の寿命は二〇年程度といわれるが、建て替えはもっと頻繁におこなわれている。しかし、大極殿・朝堂院をはじめ、従来明らかになっている役所の状況からみると、平城宮内の構造は、奈良時代前半と奈良時代後半に大別できる。両者を分けるのは、七四〇年の恭仁遷都から、七四五年の平城還都までの五年間の空隙で、還都後に実施された中枢区画の大改造が、周辺の役所配置の更新という形で、平城宮内全体の構造に大きく影響をおよぼしたとみられる。

平城宮は、七八四年（延暦三）の長岡京への遷都によって、その首都機能を失う。しかし、長岡遷都から七年近くたった七九一年（延暦一〇）九月になって、平城宮の宮城門の長岡宮への移築が諸国に命じられているから、長岡京に遷都したあとも、平城宮の建物がそのまま使える状況で存続していたことがわかる。

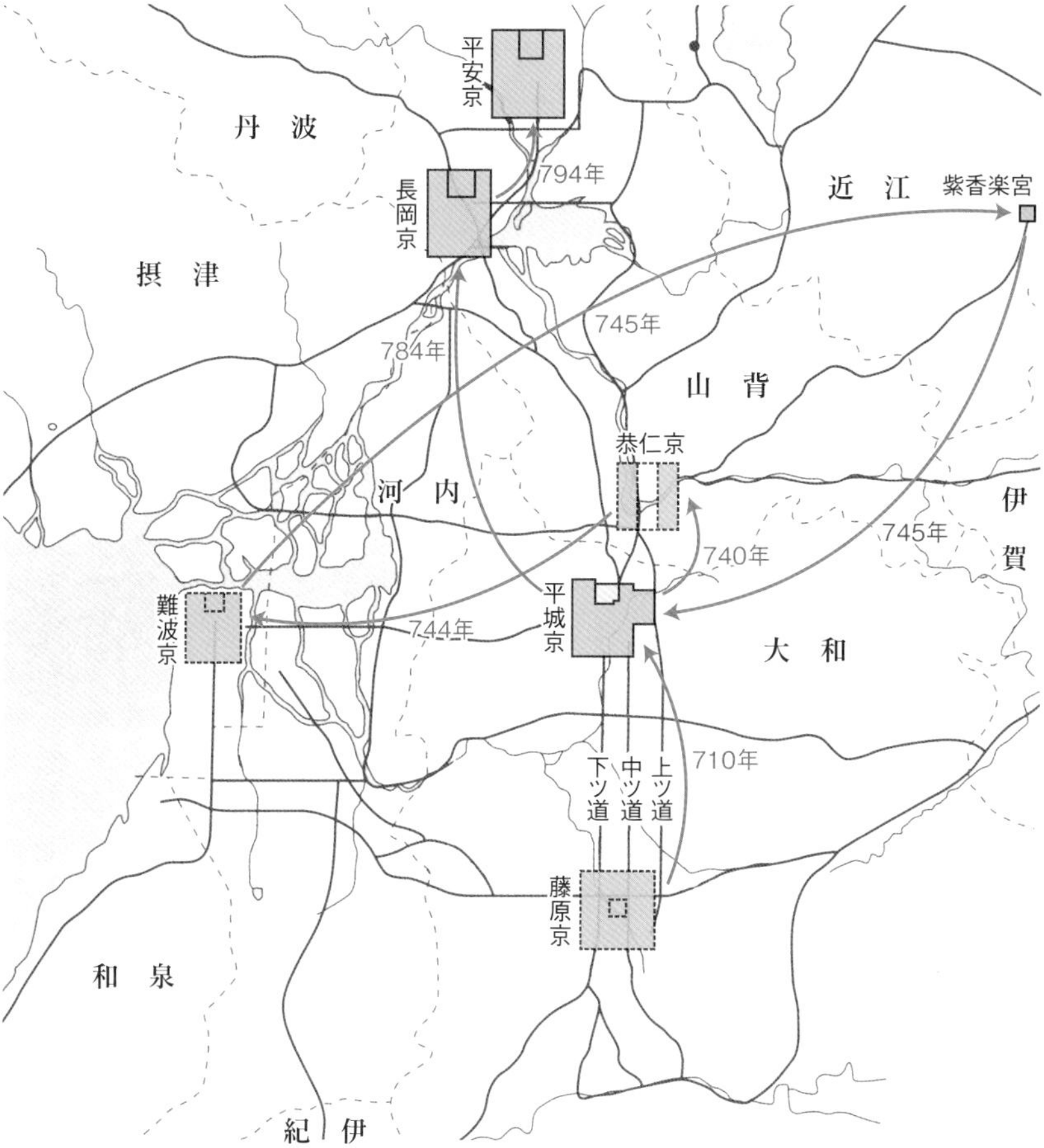

図8　都の移り変わり
平城京は、都が7世紀末に飛鳥を離れたあと、藤原京から8世紀末の平安京に至る遷都の流れのなかにあることがよくわかる。

実際、八〇九年（大同四）から八一〇年（大同五）にかけて、平城太上天皇による平城還都が試みられており、西宮の大改造が実施されている。還都が失敗に終わったあとも、平城太上天皇は八二四年（天長一）に亡くなるまで平城西宮に住みつづけ、それを支える役所も存続していた。この間には平城宮の建物を唐招提寺《とうしょうだいじ》へ寄進した記録があり、東朝集堂《ひがしちょうしゅうどう》を講堂として移築したのもこの時代のことではないかとみられる（**44頁参照**）。

発掘調査でも、八世紀の遺構のほかに、九世紀初頭のこの平城太上天皇の時期に関わるとみられる遺構が宮内各所で検出されている。京内の田地化は九世紀を通じて進行したようだが、首都機能が長岡京へ、そして平安京へと移転したあとも、平城宮に関するかぎり、二〇年以上を経過してもすぐに廃墟化していたわけではなかったのである。

図9 ● 北面大垣の掘立柱塀による復元整備の様子（南東から）
朱雀門と第一次大極殿を結ぶ軸線の延長上にあたる位置。左手の赤い木柱による復元表示は、築地塀になる前の仮設の東西方向の掘立柱塀。発掘調査の結果、北面中門はこの位置にはないことがわかった（第2章3参照）。

〈トピック1〉

国宝平城宮跡出土木簡

これまで六〇年におよぶ平城宮跡の継続的な発掘調査の最大の成果は、木簡の発見だろう。

一九六一年に、孝謙太上天皇《こうけんだいじょうてんのう》と淳仁《じゅんにん》天皇の政治的な対立を背景にもつ第一号寺請《てらこう》木簡が出土して以来、日本の木簡学の基礎は、平城宮木簡の調査・整理・解読・保存の過程で築かれてきた。

木簡は、生の文字資料として、絶対量の少ない既往の史料を補う役割をはたす。七世紀末から八世紀末にかけて、律令制運営を支える手段として木簡文化が大きな発展を遂げたのは、律令国家を解明するうえでまことに幸運だった。加えて木簡は、遺構・遺物に密着した考古資料として、その性格や年代解明に不可欠な情報を提供してくれる。土器や瓦などの遺物の編年に絶対年代を与えるのも、共伴する年代の明らかな木簡なのである。

二〇一七年、「平城宮跡出土木簡」三一八四点が国宝に指定された。全体の六割におよぶ未調査地には、将来の国宝候補が多数眠っている。

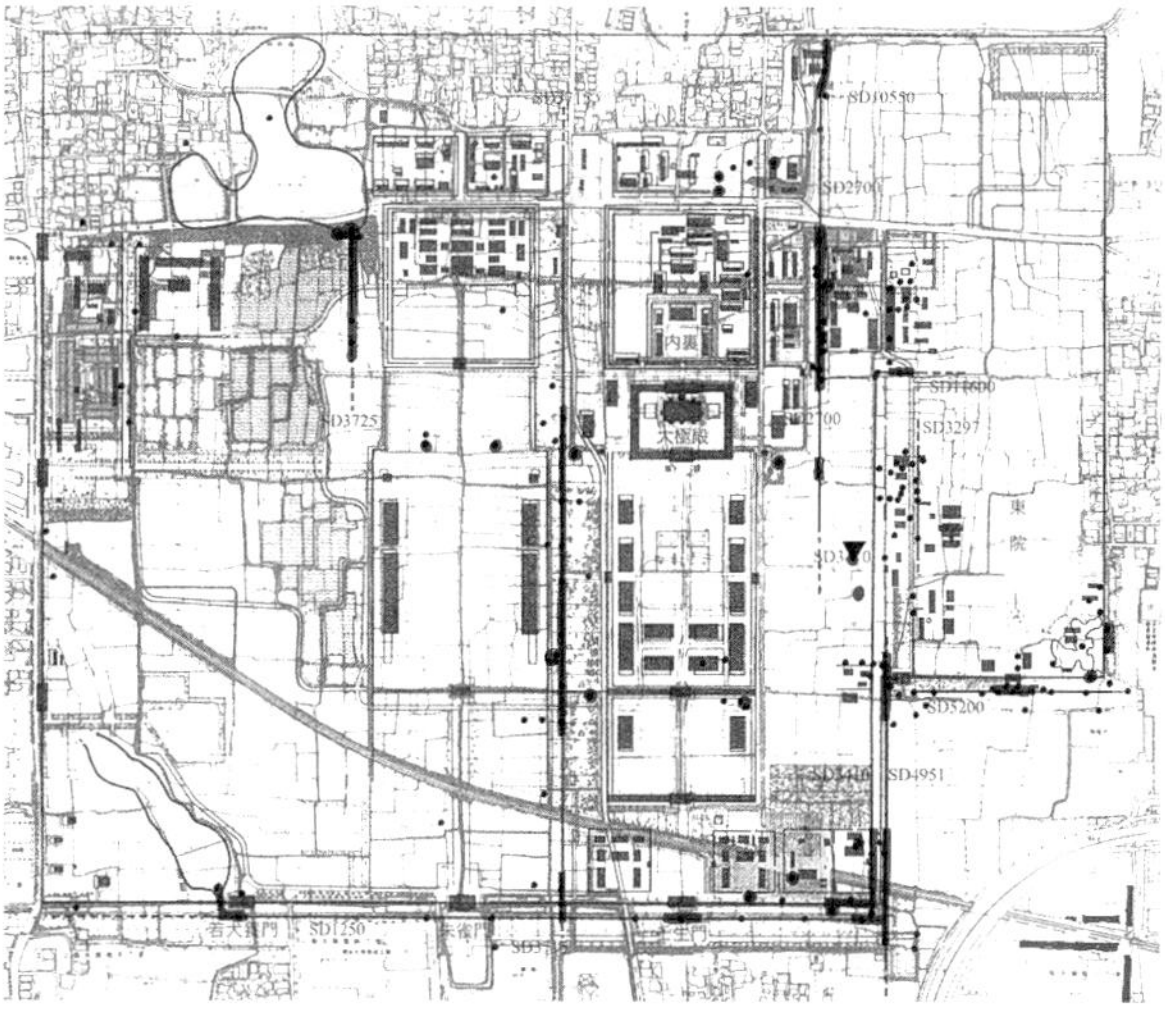

国宝木簡出土地点（黒色のドットは木簡出土地点、赤色はとくにまとまって出土した地点）。

寺請木簡

第2章　平城宮の骨組み

1　造営前の様相

造営前の地形

平城宮造営前の地形はどのようなものだったのだろうか。現在の平城宮跡はだいたい北から南にむかってなだらかに傾斜しており、一五メートル程度の標高差はあるが、おおむね平らである。しかし、平城宮造営前のこの地は、おおむね北から三本の尾根がのび、その間に谷筋が入り込む複雑な地形が展開していた（図10）。尾根と谷とで二、三メートルの比高はあったとみられる。

尾根は、東から順に、法華寺から東院にかけての尾根、市庭《いちにわ》古墳や第二次大極殿・東区朝堂院・第一次大極殿院が乗る尾根、それに宮西北隅にのびる尾根の三本である。一方、谷筋は、東院西辺から東方官衙にかけての地域、佐紀池《さきいけ》から御前池《おまえいけ》に至る地域、および宮西辺から秋篠川にむかって降る地域である。

平城宮造営にあたっては、大規模な平坦地を確保すべく、大々的な地形の改変がおこなわれたとみられる。とはいえ全体を平らにするのは現実的ではなく、地区ごとに尾根を削って谷を埋め平坦部分の確保が図られたようで、地区の接点では大きな段差が残された場所もあったようである。

たとえば、第一次大極殿院西辺では、もともと西に大きく傾斜する地形だったところを整地して平場を西に張り出させており、西池（現在の佐紀池）との間は大きな段差で処理されていたらしい。平城宮の時代にはとくに支障なく維持されたが、その後の地震によって整地による軟弱な地盤が液状化を起こしたようで、第一次大極殿院西面築地回廊の遺構は、この部分で大きく歪む形で検出されている。

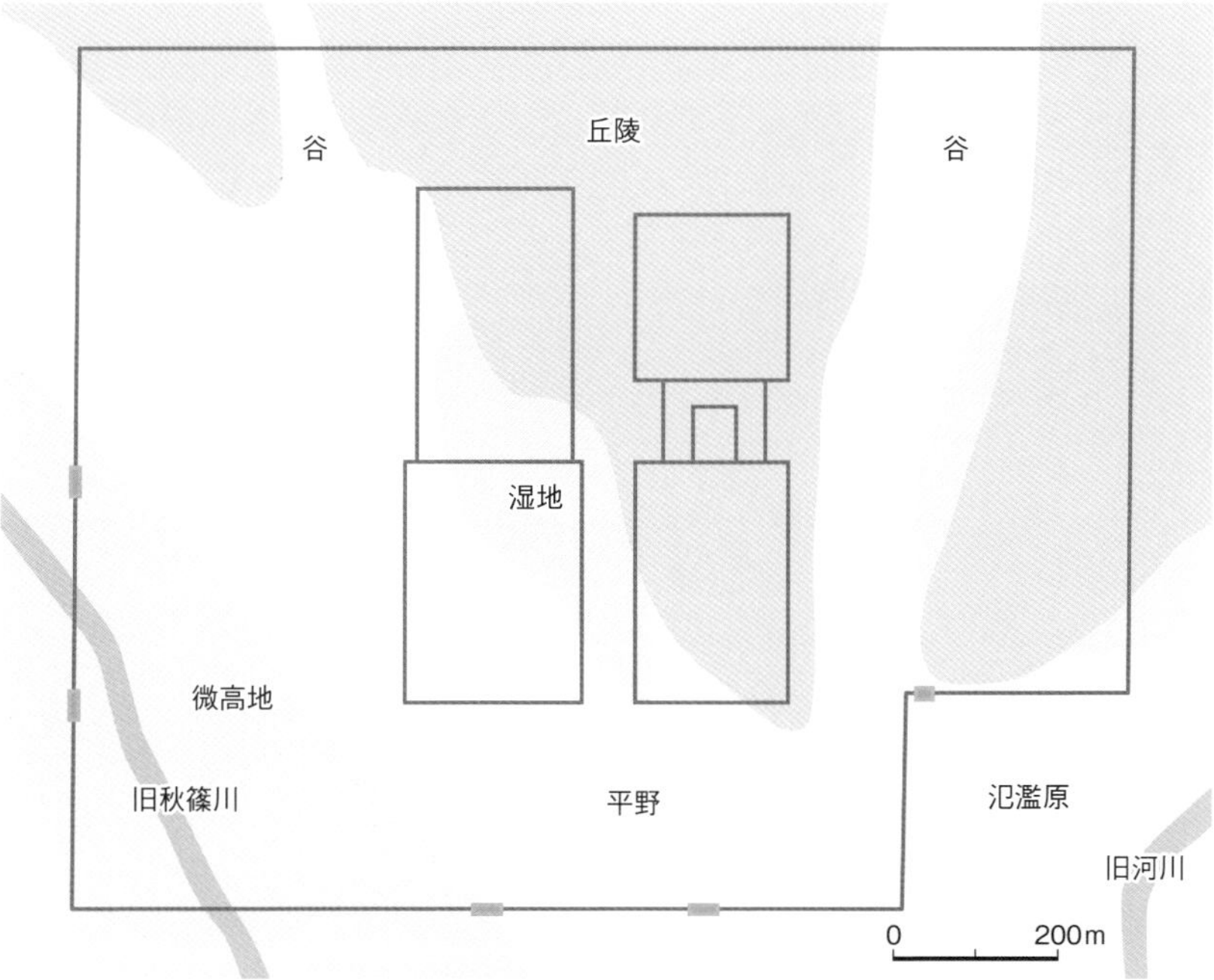

図10　平城宮跡付近の宮造営前の旧地形推定図
平城宮造営前のこの地には、複雑に入り組んだ地形が展開しており、大規模な造成工事が必要だったとみられる。

2　古墳の削平と河川の付け替え

古墳の削平

整地の様相の把握にくらべると比較的明瞭にわかる大規模な地形の改変に、古墳の削平および自然流路の付け替えがあげられる。

平城京造営の際に古墳が破壊されたことは『続日本紀』（和銅《わどう》二年十月癸巳条）に明らかだが、平城宮内でも削平された古墳がみつかっている。一つは市庭古墳の前方部である（図11）。市庭古墳は現在、円墳状を呈しており平城天皇陵に治定されている。しかし、内裏北外郭の発掘調査によって、その前方部の周濠を埋め立てている状況を確認し、前方部を削平して宮内の役所の敷地としていることが明らかになった。

元は全長二五三メートルにおよぶ全国でも第一四位に位置づけられる規模の五世紀の前方後円墳だったのだが、後円部は宮外となる位置にあったため、削平せずに残し、その周濠を奈良時代に庭園として池に利用した様子も確認されている。

規模は小さいものの、完全に削平されて姿を消した前方後円墳の存在も知られる。第二次大極殿の位置にあった全長一一七メートルの前方後円墳で、神明野《しめの》古墳と命名されている。このほか、宮西南部では、弥生時代の方形周溝墓群《ほうけいしゅうこうぼ》も検出されている（図51参照）。現状では周溝がせいぜい深さ五〇センチ程度遺存しているにすぎず、主体部の痕跡はまったく認められない。それらが平城遷都の際にマウンドを保つ状況にあったかどうかは不明だが、平城宮造営にともなって削平された可能性も考えられよう。

自然流路の付け替え

現在、平城京右京二坊域のやや東よりをわずかに蛇行しながら南流する秋篠川は、平城遷都前までは現在の位置ではなく、のちの西隆寺《さいりゅうじ》東門（「ならファミリー」東南隅の位置）付近から南南東方向にむかい、奈文研の敷地を抜け、平城宮佐伯門《さえきもん》南辺付近から平城宮西南部を通っていたとみられる。

平城宮跡内の地割にもそれはよくあらわれており、平城宮西南部には明瞭な流路の痕跡を確認できる。この流路の痕跡を示す地割のもつ意味を明らかにしたのは、奈文研の敷地の発掘調査だった（図12）。この調査では、地上に残る地割に明瞭に流路の痕跡が認められるにもかかわらず、これを横切る一条南大路の南北両側溝などが遺構として良好に遺存していた。

図11 ● 前方部を削平された市庭古墳と平城宮跡
岸本直文氏の復元案にもとづいて、航空写真に粗方の位置を示した。前方部南端は内膳司推定地にあたる（第4章3参照）。

これはおそらく都城としての機能を失ったあと（直後か、ある程度の時間をおいてかは断言できない）、ここを耕作地として利用する段階では、埋めたはずの旧流路部分が沈下し、耕作地の地割として顕在化してきたためであろう。つまり、地上における流路の痕跡の遺存と奈良時代における遺構の遺存とはけっして両立し得ないわけではないようである。

こうした理解にもとづけば、平城宮西南部の秋篠川旧流路の痕跡の残る地域についても、流路をともなう庭園施設などの存在だけでなく、通常の役所区画が展開していた可能性も想定しておく必要があろう。実際に、この旧流路部分を含む数少ない調査である南面西門、若犬養門《わかいぬかいもん》の発掘調査では、流路の地割内からも奈良時代の遺構を検出している。

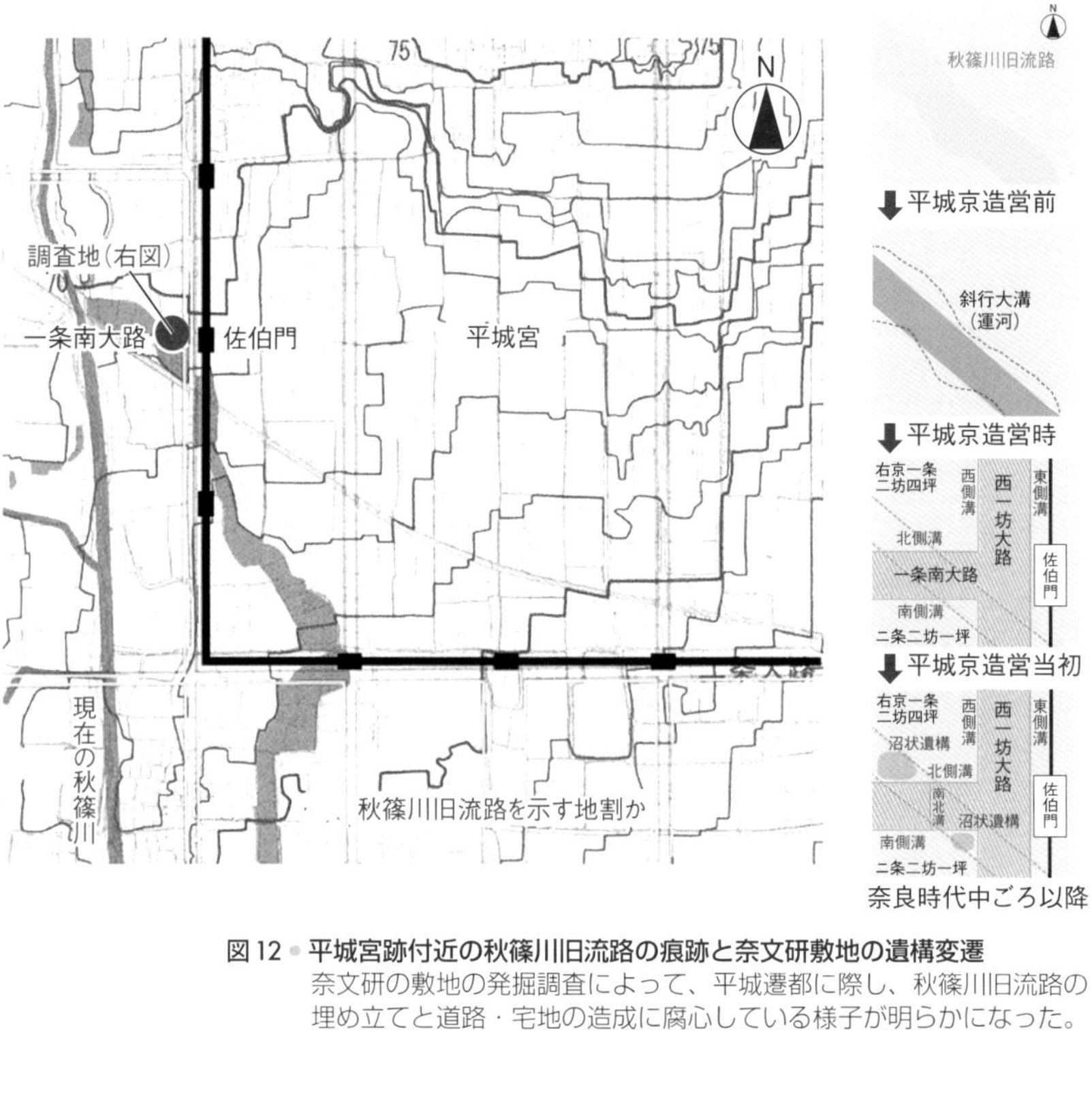

図12 ● 平城宮跡付近の秋篠川旧流路の痕跡と奈文研敷地の遺構変遷
奈文研の敷地の発掘調査によって、平城遷都に際し、秋篠川旧流路の埋め立てと道路・宅地の造成に腐心している様子が明らかになった。

3　宮城門・大垣と宮内道路

宮城門

「宮城十二門」というように、宮城の四面には各面三門ずつ計一二の門が設けられるのが普通である。平城宮の場合、南面と西面は規則性が保たれているが、東面の不規則な形状によって東面と北面は門の配置に問題がある（**図3参照**）。

　まず南面は、南面中門（朱雀門、**図13**）、南面東門（壬生門）、南面西門（若犬養門）が、それぞれ発掘調査によって確認されている。それぞれ二条大路沿いに、朱雀大路、東一坊坊間路《ぼうかんじ》、西一坊坊間路にむかって開き、宮南面を四等分する場所に位置することになる。

　西面は、西面中門（佐伯門）、西面南門（玉手門《たまてもん》）がそれぞれ発掘調査で確認されている。西門北門（伊《い》福部門《おきべもん》）は未確認であるが、二条町交差点のお地蔵さんの存在がその名残とみられる。それぞれ一条南大路、一条条間路《じょうかんじ》、一条条間路にむかって開き、宮西面を四

図13 ● **朱雀門の遺構**（西から）
朱雀門南部は近世の溜池北新小池にあたり、遺構の残りが悪いとみられていたが、調査の結果、礎石や根石が良好に残っていた（一部は抜きとられて廃棄されていた）。

等分する場所に位置する。

　一方、不規則な形状の東面は、状況が複雑である。最初に東面門として認定されたのは、東張り出し部の付け根の位置、すなわち東一坊大路と二条条間路がカギ型に接する場所の、東一坊大路の起点となる位置に南面して開く門だった。遷都当初に近い時期に最初から東西五間、南北二間の規模で造営されている。名称は、文献資料や木簡にみえる小子部門《ちいさこべもん》とみられ、奈良時代末には的門《いくはもん》と改称されたと考えられる。

　つぎに東面門の可能性が考えられているものに、東院中央に南面して開く門がある（図14）。文献資料や木簡の検討から、建部門《たけるべもん》の可能性が高いとみている。しかし、東宮・東院・楊梅宮《ようばいきゅう》という宮内の独立施設の門が宮城門相当とみなされていたのかどうかとともに、ほかの宮城門に匹敵する規模になるのが奈良時代末に降るとされる難点がある。この区画には西面する礎石建ちの門の存在も明らかになっており、施設全体の正門の位置には変遷がある可能性がある。

図14●**復元された東院南門**（建部門、1998年復元完成）
東張り出し部の中軸線上に位置する。右端には、復元された東院隅楼の屋根が築地塀から一部顔を出している。

もう一つの東面門としては、発掘調査で確認されているわけではないが、東張り出し部を南北に二分する位置で東西方向の宮内道路の存在が明らかになっており、これが宮東面に達する位置に宮城門が存在したとみられる。不自然に外湾した里道の存在は門基壇の残存に規制された結果の可能性が高いこと、およびこの位置から門の唐居敷《からいじき》とみられる石材が出土していることがその根拠である。木簡から知られる県犬養門《あがたいぬかいもん》にあたるとみられる（**図29参照**）。

北面門は朱雀門の真北の位置で北面中門が検出されなかったことから（**図9参照**）、東張り出し部を含めた北面の中央の位置、現在の歌姫《うたひめ》街道上に北面中門は位置していたとみられる。北面東門・西門も未確認で、水上池《みなかみいけ》や御前池（いずれも奈良時代にさかのぼる）との位置関係や松林苑《しょうりんえん》との間の空閑地の存在もあり、道路などの位置から門の位置を特定するのは難しい。

これらの宮城門のうち、朱雀門のみは重層門（図

図15 **復元された朱雀門**（1998年復元完成）
二条大路沿いに朱雀大路の北端にむかって開く。門前には東西260m、南北140mにおよぶ朱雀門前広場とでもよぶべき空間が確保され、天皇が出御して行事をおこなうこともあった。

15、単層とみる復元案もないわけではない）、ほかは単層の門と想定されている。

築地大垣

宮城の四面には、宮城門にとり付く形で、基底幅約二・七メートル（九尺）、高さ五メートルにおよぶとみられる版築《ばんちく》工法によって築かれた築地《ついじ》塀《べい》がまわり、大垣《おおがき》と称された。大垣の外側には壖地《せんち》とよぶ緩衝帯が設けられている（宮南面で一〇・五メートル〔三丈五尺〕、北面で一三・五メートル〔四丈五尺〕）。

総延長四・五キロにおよぶ大垣の工事は容易ではなく、たとえば宮南面では、大垣造営に先だってその内側約一六メートルの位置に掘立柱塀《ほったてばしらべい》を設け、仮の区画施設とした状況が明らかになっている。東院南面の小子部門から建部門までの間や宮北面のように、大垣と同じ位置にこれに先行する掘立柱塀が設けられていた場所もある（図9参

図16 ● 南面大垣（手前の左右方向の高まり）**を横切る南北溝**（北から）
当初開渠とみられていたが、造営工事にともなう臨時の排水溝である。写真上部のしがらみ状部分を中心に、養老・神亀年間ごろの1000点あまりの木簡が出土した。

照)。いずれにしても、宮城の周囲が大垣でかこわれる偉容が整うのに、遷都から数年の期間を要したのはまちがいのないところであろう。

大垣の造営は、暗渠《あんきょ》の設置など排水設備には充分配慮して設計されたとみられるが、それでもせっかく造営した築地塀を開削して排水を図らなければならないような事態も発生していた。たとえば壬生門東方の南面大垣にはこれを横断する開渠《かいきょ》が設けられており(図16)、養老《ようろう》・神亀《じんき》年間(七一七―七二九)の木簡が出土したことから、宮南面の比較的目立つこの位置で、遷都から二〇年近くもの間、南面大垣が寸断された状態だったのではないかと当初は判断した。その後、この部分のすぐ東側の東面大垣でも大垣を横断する溝が検出され、同じころの木簡が出土した。ところがこの部分では、大垣にずっと開渠が開いていたわけではなく、二度にわたって大垣を寸断して開渠を設けている状況が明らかになる。南面大垣を横切る南北溝も開削は一時的なもので、この地域の排水に腐心していた様子を示すものなのである。

宮内道路

平城宮内には、宮城門に対応する形で通路が設けられていたとみられる。朱雀門内は、中央区朝堂院へとつづく広場に直結しているため、明瞭な道路の痕跡は残らない。これに対し、壬生門内は、奈良時代前半は朱雀門内と同様に広場空間となっていたため、道路の形状はとらなかったとみられるが、奈良時代後半には東西の式部省《しきぶしょう》・兵部省《ひょうぶしょう》の造営と連動する形で、朝集《ちょうしゅう》院《いん》へむかう道路が設けられる。

東張り出し部を南北に二分する位置に想定される東面中門（県犬養門か）内には、西に内裏方面へとむかう幅約二六・八メートル（七五大尺＝九〇小尺）におよぶ道路がのびていた。造《ぞう》酒司《しゅし》南面、内裏東外郭官衙南面をへて、内裏東南隅にとり付く。藤原仲麻呂《ふじわらのなかまろ》の乱前夜の「鈴印《れいいん》の争奪戦」の舞台となったのはこの道路の周辺であろう。また、西面中門佐伯門内からは、第一次大極殿院西南隅へとむかう宮内道路がのびていた。

東面南門として位置づけられたとみられる小子部門内には、南北にのびる細長い地割が連なっている（**図29参照**）。東院西辺に沿って北にのびる道路の痕跡で、造酒司の南で前述の東面中門から内裏にむかう道路とT字に交わる。これは『続日本紀』にも登場する著名な道路で、藤原仲麻呂の乱に敗れ大炊親王《おおいしんのう》に格下げされた淳仁天皇が、妻子とわずかのともと淡路《あわじ》国にむかうために内裏から出て小子（部）門にむかった（『続日本紀』天平宝字八年十月壬申条）のも、また的門（小子部門を改称した名称か）の土牛《どぎゅう》と偶人《ぐうじん》を食いちぎった狂馬がさらに宮内を弁官《べんかん》曹司《ぞうし》にむかって奔走したのもこの道路であろう（『続日本紀』宝亀三年十二月乙亥条）。平城宮が方形とみられていた際には、東一坊大路の遺存地割かとも考えられていた部分である。ただ、この地割を残すことからみて、この部分が奈良時代のある段階以降は道路として用いられていたことは確実とみられるものの、道路上とみられる部分にも建物遺構が検出されていて、東院と東方官衙の間の部分には、複雑な変遷があったようである。

これ以外の門内の状況はまだ明らかになっていないが、西面北門伊福部門から東へは第一次大極殿院にむかう道路が想定でき、佐紀池南岸でみつかっている道路遺構に連なるとみられる。

〈トピック２〉

平城宮周辺の遺跡

平城宮周辺には、その機能を補完する施設が点在していた。一つは東院南方遺跡。南からみたときの左右対称性を維持するために、意図的に切り欠かれた左京二条二坊の三・四・五・六坪の四坪分である（**図2・3参照**）。二条大路木簡の分析から、藤原麻呂宅の存在も想定されているが、位置的にみると、宮に準じる施設があってもおかしくない場所である。

二つめは、そのすぐ東に位置する二条二坊十一・十二坪。十二坪には、回廊にかこまれた特異な空間があり、「相撲所」などの墨書土器も出土している。規格性の高い東西対称の建物群のある北の十一坪と一体として使われたとみられる。両坪は、施釉瓦が平城京内でもっとも高密度に出土している場所でもある（瑠璃瓦〔施釉瓦〕を葺いた玉殿があり、施釉瓦の出土地として著名な平城宮東院よりも高密度）。ちなみに、左京二条二坊は離宮梨原宮の想定地である

もう一カ所は、宮南面の左京三条一坊十五・十六坪。断片的ながら、石神遺跡に似たロの字型の規格性の高い建物群や、京内最大規模の井戸もみつかっている。位置関係でいうと、平安宮の神泉苑との関係が考えられるかもしれない。

これらが平城宮と一体として検討すべき、また保護していくべき遺跡であるのはいうまでもない。

1990年の東院南方遺跡（西から）。東張り出し部を避けて国道24号バイパスが大きく東に迂回する。東院庭園（写真左端）の整備はまだはじまっていない。

第3章　二つの中枢区画

1　東区と中央区

二つの中枢区画

平城宮には、朱雀門真北と壬生門真北の二カ所の中枢区画があった（図3参照）。これについて、はじめは朱雀門北から壬生門北へ中枢区画が移動したと解釈した。つまり、朱雀門北の第一次大極殿・朝堂院・内裏から、地表にその痕跡が残る壬生門北の第二次大極殿・朝堂院・内裏へと、いわば伊勢神宮の式年遷宮のようなイメージで移転したと考えたのである。

ところが、発掘調査の進展によって、当初の予想と大幅に異なる事実が明らかになった。たしかに大極殿は、奈良時代前半の朱雀門北の大極殿から、奈良時代後半の壬生門北の大極殿への移転が確認された。しかし、内裏は奈良時代を通じて壬生門北に位置しつづけ、朱雀門北に内裏が存在したことはなかったのである（図17）。奈良時代前半の朱雀門北の大極殿の跡地は、奈良時代後半には、内裏とほぼ同規模の西宮とよばれた宮殿区画に建て替えられたから、建物配置は大幅に異なるものの、奈良時代後半にはむしろ二つの内裏が併存するような状況だったともいえる。

東区・中央区

さらに、朝堂院については、朱雀門北の四堂からなる朝堂院は奈良時代を通じて存続したことがわかった。壬生門北の一二堂からなる礎石建ちの朝堂院と併存していたのである。そればかりではない。壬生門北の基壇の高まりを残していた奈良時代後半の朝堂院の下層から、基本的にはこれと同じ配置の一二堂からなる下層の朝堂院が検出されたのである。すなわち、奈良時代前半から朱雀門北の朝堂院と壬生門北の朝堂院が併存する状況だった。結局、朝堂院は奈良時代を通じて朱雀門北と

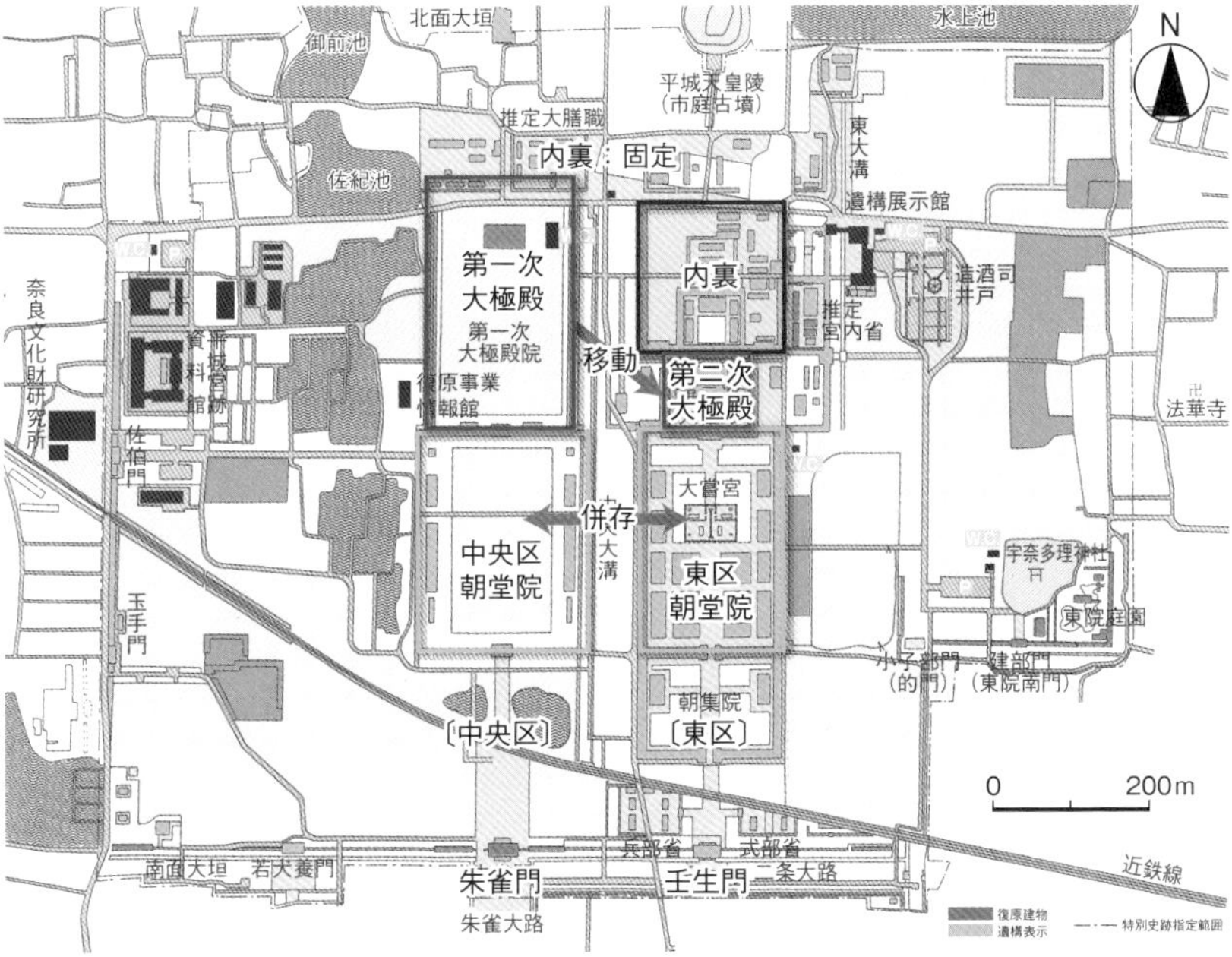

図 17 ● **平城宮の二つの中枢区画**（平城宮跡の現況図に記入）
朱雀門北の「第一次地区」から壬生門北の「第二次地区」へ移転したというイメージは発掘調査の成果によって払拭された。いまでは中央区、東区とよぶのが一般的。

壬生門北に併存しつづけた。

これらの結果、現在では大極殿について第一次・第二次という呼称を付してよぶことはあっても、内裏や朝堂院について第一次・第二次を称することはなくなった。併存した朝堂院については、朱雀門北を中央区朝堂院、壬生門北を東区朝堂院とよび、重層する東区朝堂院については、奈良時代後半の礎石建ちの朝堂院を東区上層朝堂院、奈良時代前半の掘立柱の朝堂院を東区下層朝堂院とよんで区別するのが一般的である。

2 第一次大極殿院

第一次大極殿院

奈良時代前半の朱雀門真北には、大極殿院と朝堂院があった（**図3参照**）。このうち大極殿については、奈良時代後半の東区にあった大極殿と区別するため、第一次大極殿（院）とよぶ。

第一次大極殿院は、東西約一七七メートル、南北約三一八メートルの南北に長い長大な方形の独立した宮殿区画で、四周を築地回廊でかこんでいた。奈良時代の前半の平城宮にのみ存在した特異な空間である（恭仁宮には規模を縮小して受け継がれたとみられるが、奈良時代後半の平城宮にはこれに相当する区画は存在しない）。その特徴は、中心建物の前面に広大な内庭空間をもつことと、それらが塼《せん》を積み上げた擁壁《ようへき》によって隔絶した空間を構成していることの二点につきる。

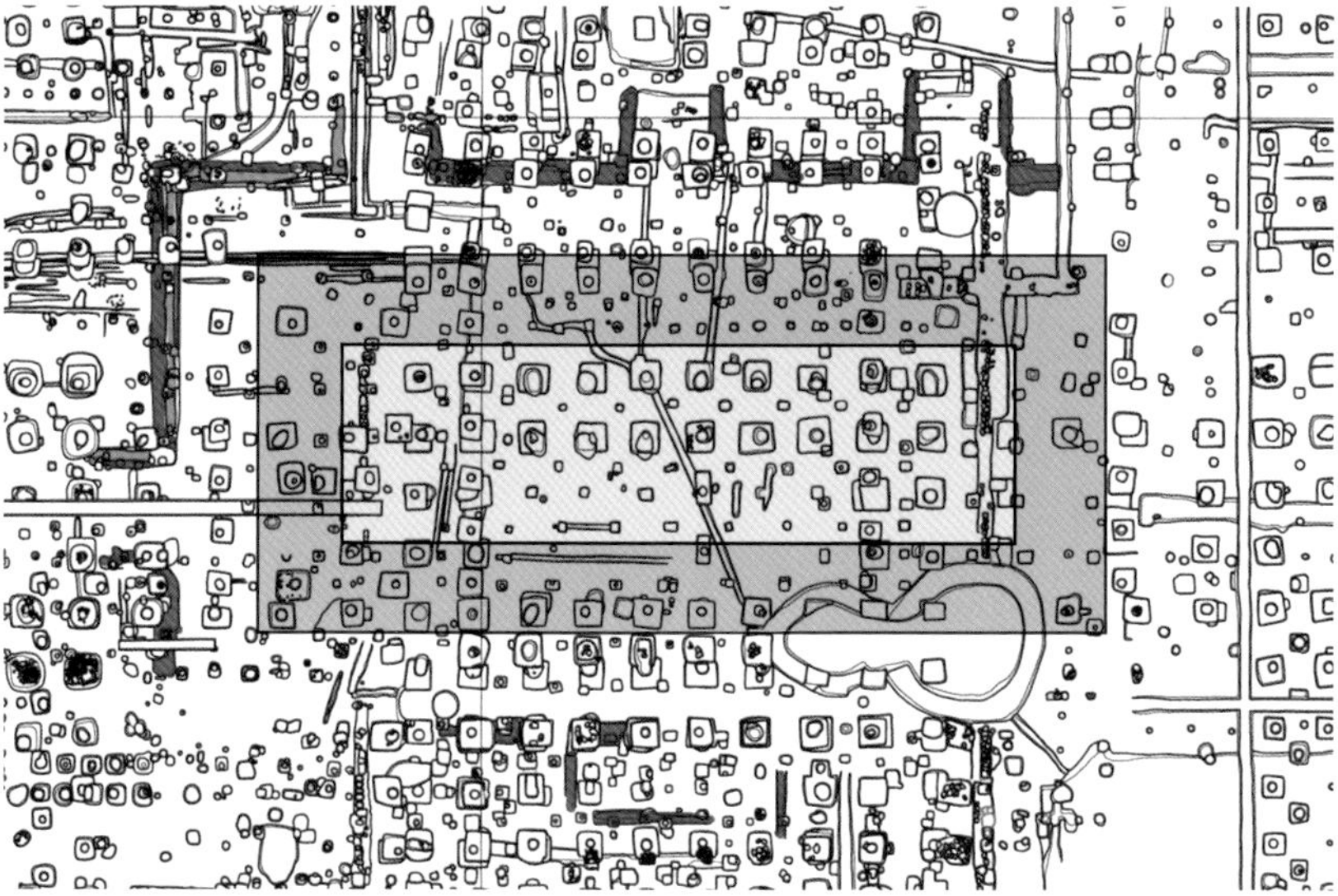

図18 ● **復元された第一次大極殿**（2010年復元完成）**とその遺構**
第一次大極殿の跡はのちに西宮の造営で壊され、基壇の凝灰岩の痕跡がわずかに残る程度。しかし、現存する奈良時代の建築や平安宮大極殿に関する資料をはじめ、あらゆる資料を駆使して約10年におよぶ研究を重ねて復元が完成した。
下図の紫と青の溝状の部分は基壇縁の痕跡。出っ張り部分は階段にあたる。黄土色の部分は大極殿本体の範囲で、そのなかのベージュ色の部分は身舎（もや）部分。

南面に設けられた正門は、大極門、あるいは殿《でん》門《もん》とも称され、のちにその東西両脇には、寄棟《よせむね》造りの屋根をもつ東西五間、南北三間の重層楼閣建物が築地回廊の内側にとり付く形で付設された。側柱は直径七〇センチにおよぶ巨大な掘立柱、中央の八基の柱のみ小ぶりの礎石を用いる特異な建物で、東楼《ひがしろう》、西楼《にしろう》とよぶ（図19）。

中心建物はいわずもがな大極殿である（図18）。二重の基壇の上に建つ、四面に廂《ひさし》がつく東西棟礎石建物である。大極殿自体は藤原宮に建設された日本最初の礎石建ちの大極殿を移築したものとみられるが、藤原宮にはないまったく独自の空間が新たに構築されている。この大極殿院の存在が、奈良時代前半の平城宮の最大の特徴といっても過言ではない。唐長安城大明宮《だいめいきゅう》の含元殿《がんげんでん》にならったとの見方が有力で、元日朝賀・即位式・外国使節謁見《えっけん》など、ごくかぎられた用途に特化した儀礼空間だった。

図19 ● 第一次大極殿院西楼の発掘状況（北西から）
人の立っているところが柱の位置。周囲の掘立柱の抜取穴は、巨大なため隣接する柱穴とつながってレンズ状を呈している。

中央区朝堂院

大極殿院の南には、朝堂院が展開する。壬生門北の朝堂院と区別するため、中央区朝堂院とよぶ。東西約二一四メートル（六〇〇大尺）、南北約二八四メートル（八〇〇大尺）の方形の区画で、区画施設は造営当初から築地塀であり、奈良時代を通じて存続した。

朝堂も当初から礎石建物で造営され、奈良時代を通じて存続したとみられる。東西各二堂、計四堂からなる。いずれも南北棟である。機能としては、第一次大極殿院に付属する朝堂であり、第一次大極殿院で挙行される儀式にともなう空間を分掌する役割をはたした。

七四五年（天平一七）の平城還都後、第一次大極殿院の跡地に西宮が造営されると、北限が約一〇〇メートル北に移動したため、結果的に南北長さは三八四メートルに拡大することになったが、朝堂は長岡京に遷都するまで当初のままの形で存続したとみられる。

ただし、第一次大極殿院の付属施設として当初建てられた中央区朝堂院が、第一次大極殿院がなくなって西宮になった段階でどのような機能を担ったかは必ずしも明らかではない。ことに朝庭《ちょうてい》部分では、称徳《しょうとく》天皇の時期とみられる整然と立ちならぶ東西対称の建物群が検出されており、道鏡《どうきょう》の法王宮《ほうおうぐう》の遺構ではないかとの指摘がある。九尺等間の構造を基本としており、通常の宮殿の規模が十尺等間であることを考えると一まわり小規模な遺構である。

また、中央区朝堂院と朱雀門の間には、奈良時代を通じて区画施設をともなわない広場空間が維持された。第一次大極殿院が存在する間はその儀礼空間の一部として機能したが、中央区朝堂院と同様に、西宮段階での機能はなお明瞭ではない。

西宮とその機能

第一次大極殿は、七四〇年（天平一二）の恭仁京への遷都にともなって、東面と西面の築地《ついじ》回廊《かいろう》とともに恭仁宮に移築された。奈良時代後半になると、中央区の第一次大極殿院の跡地は、新たな宮殿区画に建て替えられる（中央区第一次大極殿院地区Ⅱ期）。これが西宮である（**図20**）。俗に百柱《ひゃくちゅう》の間《ま》とも称されるように、一〇〇尺等間の規模の複数の掘立柱建物が林立する空間を構成する。東区北部に奈良時代を通じて存続した内裏の西にならび、ほぼ同じ大きさである。

史料にみえる西宮の所在地については、東区の内裏説と、中央区第一次大極殿院地区Ⅱ期の遺構説の両説があった。これは中宮《ちゅうぐう》の所在とも関わって論じられることが多かったが、中宮＝内裏（＋南外郭の出御空間）説が出されるにおよび、西宮を中央区にあてる見方が強くなった。さらに二〇〇四年、第一次大極殿院南門前の中央区朝堂院北端地域で、称徳天皇の大嘗《だいじょう》宮《きゅう》の遺構が確認されたことで、称徳天皇の西宮が第一

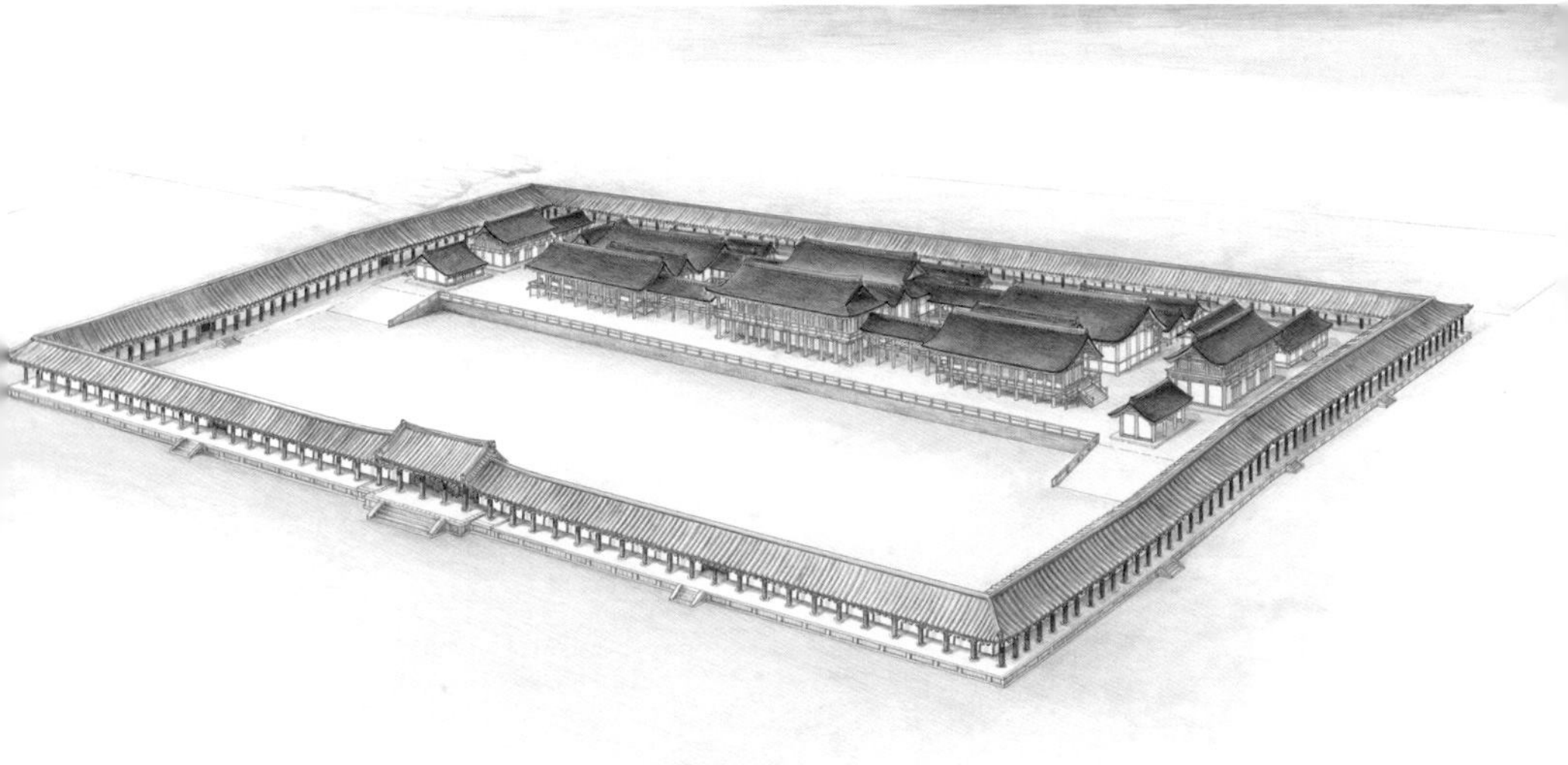

図20 ● 西宮の想定復元図（北野陽子氏画）
第一次大極殿の跡地に建てられた西宮には、檜皮葺・甍棟で白木の柱からなる掘立柱建物が建ちならぶ。

次大極殿院地区Ⅱ期の遺構であることが確定し、西宮・中宮など平城宮内の宮殿の所在地についての定点が得られることになった。

西宮の成立時期については、第一次大極殿院南面の東楼・西楼の柱抜取穴《ぬきとりあな》（図19参照）から出土した木簡の年代から、七五三、四年（天平勝宝《てんぴょうしょうほう》五、六）ごろと目されることが多かった。しかし、第一次大極殿院の東面および西面回廊は大極殿とともに恭仁宮に移設されすでになくなっていたから、東西楼が残ったままでも、西宮の建設には支障はなかったはずである。むしろ西宮建設の最終段階でその南に残っていた東西楼を撤去したとみるのが自然であろう。

このように建設年代が天平勝宝年間までさかのぼるとするならば、当時はまだ孝謙天皇の時代であり、西宮の建設の目的、すなわちその機能をどう考えるかが問われることになる。この点を考えるときに注目されるのは、西宮が内裏とほぼ同大の区画であり、かつこれと同様の内裏相当区画の併存する状況が恭仁宮で成立し、紫香楽宮にも受け継がれていることが明らかになったことだった。恭仁宮大極殿の北に存在した二つの内裏区画については、東が聖武天皇の内裏、西が元正《げんしょう》太上天皇の太上天皇宮とみられている。

この位置関係が平城宮における内裏と西宮の位置関係と同じであるのは偶然ではないだろう。というのは、平城宮の西宮に住んだ称徳天皇は、唯一の天皇権行使者ではあったが、彼女はじつは孝謙太上天皇であって、身位としては天皇ではなく太上天皇だったとみることができる。そうであるならば、彼女が東区北方の内裏ではなく、西宮に住んだ理由は明白であろう。西宮は恭仁宮で成立した太上天皇宮が、紫香楽宮をへて奈良時代後半の平城宮に受け継がれた姿ととらえることができるからである。この考え方が成り立つならば、所用瓦の年代観はやや降るものの、七五六年(天平勝宝八)に亡くなった聖武太上天皇の「寝殿《しんでん》」も、西宮の施設である可能性が高いだろう。さらにいえば、七四八年(天平二〇)に亡くなった元正太上天皇も、西宮で亡くなった可能性は皆無ではないだろう。

3 第二次大極殿

第二次大極殿の成立

壬生門真北に、奈良時代後半の大極殿・朝堂院の区画があった(図3参照)ことは、大極殿や朝堂の基壇の一部が近代までその高まりを残していたことから早くから知られるようになっていた。平城宮跡で最初に保護の手立てが講じられたのもこの地域である。

この地域の中央北部に遺存し、大黒《だいこく》の芝《しば》(「大黒」は「大極」の文字表記が変化したものとみられる)と称されてきた土壇が、奈良時代後半の大極殿の遺構である(図4参照)。朱雀門真北の奈良時代前半の大極殿に対して、第二次大極殿とよぶ。後述の東区上層朝堂院の中心建物と位置づけられる建物である。第一次大極殿にくらべると規模は若干小さいが、桁行《けたゆき》九間、梁《はり》行《ゆき》四間の四面廂《しめんびさし》の礎石建物である(図21)。四周を築地回廊でかこむ点も第一次大極殿院と同様だが、南面の内庭はないに等しく、儀式の際の幢旗《どうき》(両脇に支柱をもつ三本柱構造の柱穴七基が横一列にならぶ配置)を樹立するための空間としての機能しかもたなかった。このため、大極殿院と称するような特別の機能はなかったと考えられる。

この点を象徴するのが、この区画の南面に設けられた南門が、大極殿閤門《こうもん》と称されたことである。閤門は天皇の居住空間への出入口を意味し、大極殿の区画施設の門であるとともに、内裏そのものの南限としての性格が重視されたことを示している。このことは、第二次大極殿が、朝堂院の正殿《せいでん》であることに加えて、内裏外郭に設けられた天皇の出御空間としての機能を兼ね備えていたことを意味する。

第二次大極殿下層遺構の性格

第二次大極殿の下層には、桁行七間、梁行四間の掘立柱建物の存在が確認されている（**図22**）。東区下層朝堂院の

図21 ● **基壇整備がおこなわれた第二次大極殿院**（南東から）
中央上部が「大黒の芝」の高まりをすっぽり覆うかたちで復元された第二次大極殿の基壇。大極殿閤門との間に横一列に並ぶ三本一組の柱は、儀式用の幢旗（旗竿）の基部の復元。

正殿に相当する建物である。奈良時代後半の第二次大極殿と同様に、内裏外郭の天皇の出御空間としての機能をはたし、全体として奈良時代前半の史料を中心に頻出する「中宮」あるいは、「中宮院」にあたる。奈良時代前半の東区は、中央区の儀式用に特化した（第一次）大極殿院・朝堂院空間に対し、前述のように日常政務の空間として機能したとみられる。

第二次大極殿の下層にあって、第一次大極殿とともに大極殿機能を分掌した東区下層正殿（中宮正殿）の呼称については「大安殿」とする見方が有力である。内裏の内郭正殿と外郭正殿を、「内」と「外」の区別を念頭に、内安殿、大安殿とよび分けたのであろう。

なお、「中宮」の所在地について、かつては中央区の第一次大極殿院にあてる見方もあったが、発掘調査の成果から現在では否定されている。なによりも「宮」は天皇の居住施設の呼称であり、儀礼空間に特化した第一次大極殿院が「宮」と称されるわけはない。

東区下層から上層への建て替え時期

東区下層の大安殿を中心とする掘立柱建物の空間から、上層の第二次大極殿を中心とする礎石建物の空間へと建て替えられた時期については、平城宮の発掘調査成果のなかでも、もっとも解釈が分かれる部分であり、平城宮最大の課題の一つといってよい。

発掘調査初期の段階で提示されたのは、七二四年（神亀《じんき》一）の聖武天皇の即位をめざした改造とみる考え方だった。これは下層朝堂を、政務空間としての朝堂ではなく、皇太子首皇子《おびとおうじ》の東宮の朝堂とみる解釈と連動していた。しかし、下層朝堂院が上層朝堂院と同じ政務空間とし

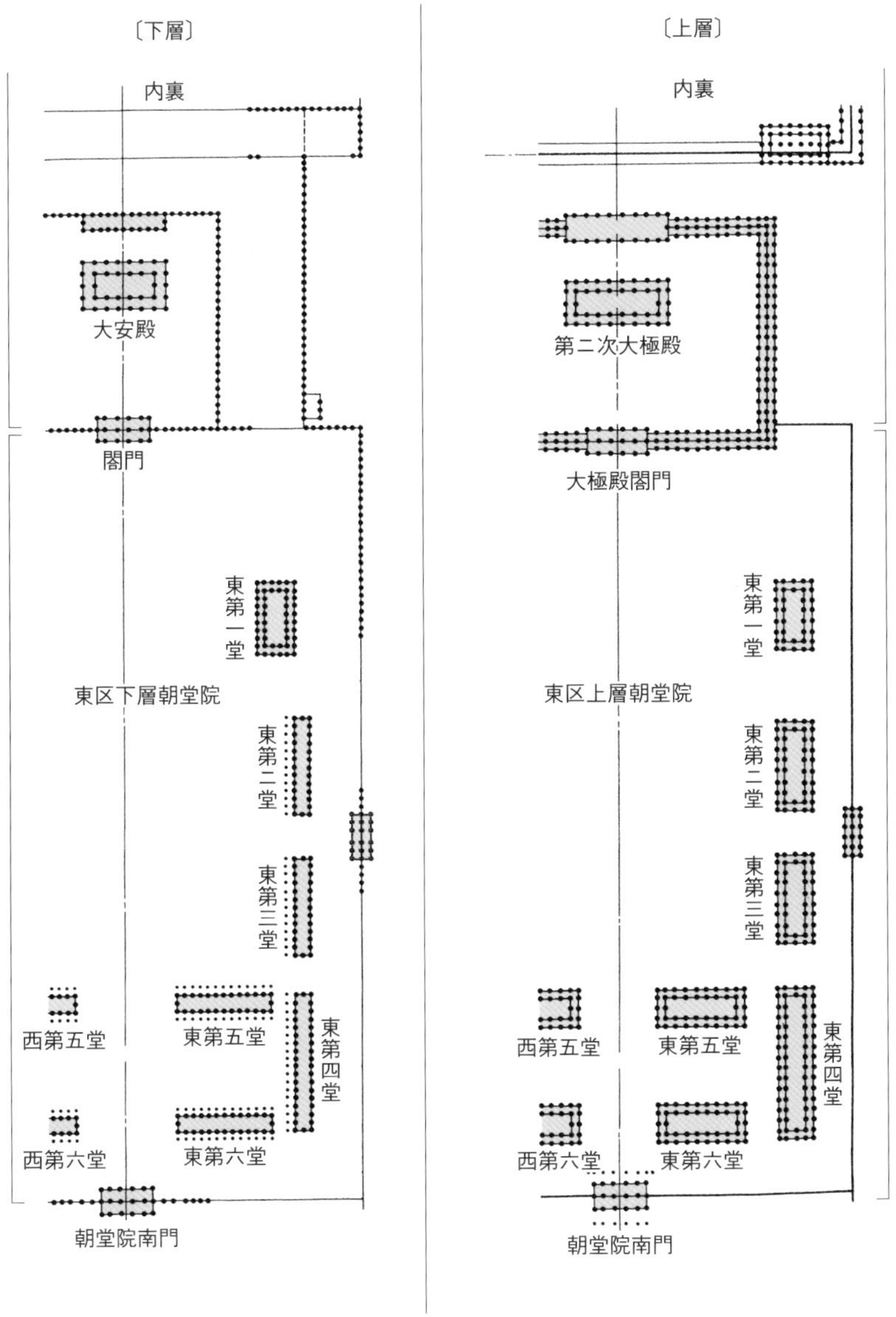

図22 **東区の下層遺構（左）と上層遺構（右）の比較**
いずれの建物も奈良時代前半の掘立柱建物から奈良時代後半の礎石建物へと建て替えられている。規模や位置からみて、大臣の座がある下層東第一堂の優位性が際立つ。

て機能したことを疑う要素はまったくなく、東宮の所在地についても東張り出し部南半とみる考え方が定着しており、東宮朝堂説は否定されている。

発掘調査の進展にともなって、上層への建て替え年代を七四五年（天平一七）の平城還都後とみる見方がしだいに有力となっていった。その後も、逆に今度は天平宝字《てんぴょうほうじ》年間（七五七―七六四）の仲麻呂政権期まで降らせる見方も出るなど、上層への建て替え年代の解釈は安定しなかったが、現在では、平城還都直後ではなく、孝謙天皇即位前後の天平年間末ごろから天平勝宝年間にかけて（七四〇年代末から七五〇年代前半ごろ）の時期に求めるのが穏当とされるに至っている。

建物の年代については、使われている瓦の年代が指標とされることが多い。しかし、東区上層の大極殿・朝堂院所用の軒瓦（**図23**）については製作年代に幅があって、なかなか年代観が定まらないという要因もあった。

図23 ● 東区上層所用軒瓦の組み合わせ
軒丸瓦6225A（上）と軒平瓦6663C（下）。平城宮跡の軒瓦のなかでもっとも年代に議論の多い軒瓦の組み合わせの一つである。

朝集院と朝集堂

東区朝堂院の南には、東西に南北棟の朝集堂を各一棟ずつ配置する朝集院がある。朝堂院における朝政《ちょうせい》が開始されるまでの官人たちの待機場所としての機能をもつ空間である。朝集堂は藤原宮で設けられたのが最初で、平城宮は基本的にそれを踏襲している。

東朝集堂の発掘調査は一九六八年にさかのぼり、礎石建物を検出していた（図24）。その後、東区朝堂院の各朝堂、南門の調査で、礎石建物の下層に掘立柱建物が重複して存在することが明らかになったため、朝集堂も下層に掘立柱建物の奈良時代前半の遺構が存在する可能性が考えられるようになった。ところが、数次におよぶ発掘調査でも下層朝集堂は検出されなかった。藤原宮にあった朝集堂が奈良時代前半の平城宮になかったとは考えがたいから、北に展開する朝堂院やその正殿としての第二次大極殿とは異なり、朝集堂は当初から礎石建ちで建てられた可能性が考えられることになる。

一方、朝集院の区画施設は、朝堂院と同様に掘立柱塀から築地塀への造り替えが認められた（ただし、掘立柱塀は朝堂院と同じ幅の築地塀よりも一まわり外側に設けられているため、奈良時代前半においては朝堂院の幅よ

図24 ● 東朝集堂の復元模型
唐招提寺講堂は現存する唯一の平城宮の建物で、修理の来歴をさかのぼって平城宮にあった当時の姿を復元すると、こんなかたちになる。

りも朝集院の幅のほうがやや広く、わずかに東西に突出する構造になっていた）が、朝集院南門（平安宮の応天門《おうてんもん》に相当）には下層の掘立柱建物の遺構は認められず、朝集堂と同様に遷都当初から礎石建物だった可能性が高くなっている。

東朝集堂は、のちに唐招提寺講堂として施入・移築され、形を変えてではあるが、平城宮の建物で唯一現存するものとして貴重である。棟のむきを九〇度変えて東西棟としたうえで、屋根を切妻造《きりづまづくり》から入母屋造《いりもやづくり》に改変しており、その後、鎌倉・江戸の二回にわたり屋根の嵩上《かさあ》げがおこなわれて現在の姿に至っている（これらは発掘調査と解体修理によって検証されている）。

施入の時期は、一般的には『唐招提寺縁起《えんぎ》』にもとづいて天平宝字年間（七五七―七六四）とされているが、この時期に朝集堂の機能が不要になったとは考えにくく、平城宮に住んだ平城太上天皇の意志による平安初期の移築とみる山崎信二氏の説（奈良文化財研究所編『奈良の寺』岩波新書）が、現状ではもっとも整合的な理解であろう。

4　内　裏

内裏の変遷

平城宮の内裏は奈良時代を通じて東区北方に位置した（図3参照）。天皇に関わる日常政務空間としての機能は、平城宮では遷都当初から一貫して東区が担いつづけたのである。平城宮の内裏にはおおむね六時期の変遷がある（図25）。

新泉社の考古学図書

〒113-0033　東京都文京区本郷 2-5-12
TEL 03-3815-1662　FAX 03-3815-1422
URL https://www.shinsensha.com
「遺跡を学ぶ」通信 https://www.facebook.com/isekiwomanabu/

ヤマト王権の古代学

「おおやまと」の王から倭国の王へ

坂　靖 著　A5判272頁／2500円＋税

「おおやまと」古墳集団が佐紀古墳集団をとり込み、ヤマトの支配を実現し、王権を確立した。そして、しだいにその支配領域を拡大し、五世紀に倭国の王となり、六世紀に王と有力氏族による権力の仕組みを完成させた。

縄文ムラの原風景

御所野遺跡から見えてきた縄文世界

御所野縄文博物館 編　A5判96頁／1600円＋税

岩手県一戸町の台地にある御所野遺跡は、縄文時代中期後半に約八〇〇年続いたムラの跡である。多方面の調査から新たな縄文世界が見えてきた。

シリーズ「遺跡を学ぶ」第2ステージ　好評刊行中！

A5判96頁／オールカラー／各1600円＋税〈隔月2冊配本〉

142 海上他界のコスモロジー　大寺山洞穴の舟葬墓

岡本東三 著　丸木舟に亡骸を埋葬した痕跡が千葉県館山市の洞穴でみつかった。縄紋時代の洞穴利用と古墳時代の舟葬墓から海民の他界観を追究。

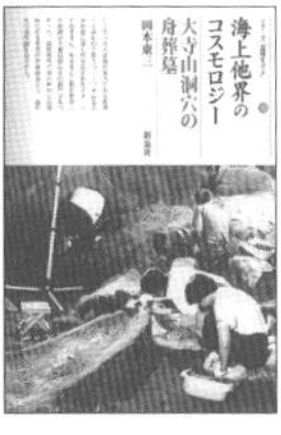

143 東京下町の前方後円墳　柴又八幡神社古墳

谷口　榮 著　まるで「寅さん」のような帽子をかぶった人物埴輪が東京都葛飾区柴又でみつかった。前方後円墳から古墳時代の東京下町を見直す。

シリーズ「遺跡を学ぶ」第1ステージ〈100巻＋別冊4〉完結！　A5判96頁・オールカラー／各1500円＋税

◆第Ⅰ期［全31冊］　セット函入46500円＋税

01 北辺の海の民　モヨロ貝塚　米村　衛
02 天下布武の城　安土城　木戸雅寿
03 古墳時代の地域社会復元　三ツ寺Ⅰ遺跡　若狭　徹
04 原始集落を掘る　尖石遺跡　勅使河原彰
05 世界をリードした磁器窯　肥前窯　大橋康二
06 五千年におよぶムラ　平出遺跡　小林康男
07 豊饒の海の縄文文化　曽畑貝塚　木﨑康弘
08 未盗掘石室の発見　雪野山古墳　佐々木憲一
09 氷河期を生き抜いた狩人　矢出川遺跡　堤　隆
10 描かれた黄泉の世界　王塚古墳　柳沢一男
11 江戸のミクロコスモス　加賀藩江戸屋敷　追川吉生
12 北の黒曜石の道　白滝遺跡群　木村英明
13 古代祭祀とシルクロードの終着地　沖ノ島　弓場紀知
14 黒潮を渡った黒曜石　見高段間遺跡　池谷信之
15 縄文のイエとムラの風景　御所野遺跡　高田和徳
16 鉄剣銘一一五文字の謎に迫る　埼玉古墳群　高橋一夫
17 石にこめた縄文人の祈り　大湯環状列石　秋元信夫
18 土器製塩の島　喜兵衛島製塩遺跡と古墳　近藤義郎
19 縄文の社会構造をのぞく　姥山貝塚　堀越正行
20 大仏造立の都　紫香楽宮　小笠原好彦
21 律令国家の対蝦夷政策　相馬の製鉄遺跡群　飯村　均
22 筑紫政権からヤマト政権へ　豊前石塚山古墳　長嶺正秀
23 弥生実年代と都市論のゆくえ　池上曽根遺跡　秋山浩三
24 最古の王墓　吉武高木遺跡　常松幹雄
25 石槍革命　八風山遺跡群　須藤隆司
26 大和葛城の大古墳群　馬見古墳群　河上邦彦
27 南九州に栄えた縄文文化　上野原遺跡　新東晃一
28 泉北丘陵に広がる須恵器窯　陶邑遺跡群　中村　浩
29 東北古墳研究の原点　会津大塚山古墳　辻　秀人
30 赤城山麓の三万年前のムラ　下触牛伏遺跡　小菅将夫
別冊1 黒耀石の原産地を探る　鷹山遺跡群　黒耀石体験ミュージアム

◆第Ⅱ期［全20冊］　セット函入30000円＋税

31 日本考古学の原点　大森貝塚　加藤　緑
32 斑鳩に眠る二人の貴公子　藤ノ木古墳　前園実知雄
33 聖なる水の祀りと古代王権　天白磐座遺跡　辰巳和弘
34 吉備の弥生大首長墓　楯築弥生墳丘墓　福本　明

●第Ⅵ期　好評刊行中！

文化財保存全国協議会 編
文化財保存 70 年の歴史
明日への文化遺産
ISBN978-4-7877-1707-8

平城宮跡・池上曽根遺跡・伊場遺跡等々、戦後経済発展のもとで、破壊され消滅した遺跡、守り保存された遺跡の貴重な記録。戦後 70 年間に遺跡がたどってきた歴史を検証し、文化遺産のこれからを考える。
A5 判上製／ 392 頁／ 3800 円＋税

勅使河原 彰 著
縄文時代史
ISBN978-4-7877-1605-7

激変する自然環境のなかで、縄文人はどのように自然と折り合いをつけて独自の縄文文化を築き上げたのか。最新の発掘と科学研究の成果をとりいれて、縄文時代のはじまりから終焉までを描く。図版・写真多数収録。
四六判上製／ 336 頁／ 2800 円＋税

井口直司 著
縄文土器ガイドブック
縄文土器の世界
ISBN978-4-7877-1214-1

私たちの心の奥底をゆさぶる縄文土器の造形。しかし、博物館や解説書で「○○式」「△△文」といった暗号のような説明を読むと、熱がさめていく。考古学による土器の見方、縄文時代のとらえ方をじっくり解説。
A5 判／ 200 頁／ 2200 円＋税

三上徹也 著
縄文土偶ガイドブック
縄文土偶の世界
ISBN978-4-7877-1316-2

土偶の姿はあまりにも多様。国宝に指定された素晴らしい土偶があるかと思えば、粗末な作りでバラバラに壊れ破片となったものもたくさんある。縄文人は何のために土偶を作り、どのように用いていたのだろうか。
A5 判／ 212 頁／ 2200 円＋税

小林謙一・工藤雄一郎・国立歴史民俗博物館 編
増補 縄文はいつから !?
地球環境の変動と縄文文化
ISBN978-4-7877-1213-4

10 万年に一度の気候大変動のなかで、ヒトは土器を発明し、弓矢をもち、定住をはじめた。縄文時代の幕があがる。今につづく生活様式の基盤、縄文文化のはじまりを問う、歴博で行われたシンポジウムを書籍化。
A5 判／ 260 頁／ 2400 円＋税

工藤雄一郎 著
旧石器・縄文時代の環境文化史
高精度放射性炭素年代測定と考古学
ISBN978-4-7877-1203-5

最終氷期から後氷期にかけて、旧石器時代人、縄文時代人はどのように生きてきたのか。最新の放射性炭素年代測定の成果を通じ、その変化を読み解く。列島各地の縄文土器の年代測定値などデータを豊富に収録。
B5 判上製／ 376 頁／ 9000 円＋税

工藤雄一郎・国立歴史民俗博物館 編
ここまでわかった！
縄文人の植物利用
ISBN978-4-7877-1317-9

マメ類を栽培し、クリやウルシ林を育てる…狩猟採集生活をおくっていたとされる縄文人が、想像以上に植物の生育環境に積極的に働きかけ、貴重な資源を管理していたことがわかってきた。カラー写真・図版で解説。
A5 判／ 228 頁／ 2500 円＋税

工藤雄一郎・国立歴史民俗博物館 編
さらにわかった！
縄文人の植物利用
ISBN978-4-7877-1702-3

好評「縄文人の植物利用」第 2 弾。鳥浜貝塚の縄文時代草創期～前期の資料の調査からわかってきた植物利用の初源の姿を紹介し、東名遺跡などで大量に出土した「カゴ」から、縄文人のカゴ作りを解明する。
A5 判／ 216 頁／ 2500 円＋税

辰巳和弘 著
他界へ翔る船
「黄泉の国」の考古学
ISBN978-4-7877-1102-1

船形をした木棺や埴輪、墓室に描かれた船画、円筒埴輪に刻まれた船……船は霊魂を黄泉の国へといざなう。人々は魂の行方をどこに求めたのか。考古学が傍観してきた「こころ」を探り、古代人の他界観を追究する。
A5 判上製／ 352 頁／ 3500 円＋税

辰巳和弘 著
古代をみる眼
考古学が語る日本文化の深層
ISBN 978-4-7877-1416-9

「古墳、水辺、坂（峠)、巨樹、山嶺など、列島の先人たちが他界との接点、あるいは境界領域をいかに捉え、いかに働きかけたかを思考する試みです。古代的心意の探求におつきあいください。」（まえがきより）
A5 判／ 240 頁／ 2000 円＋税

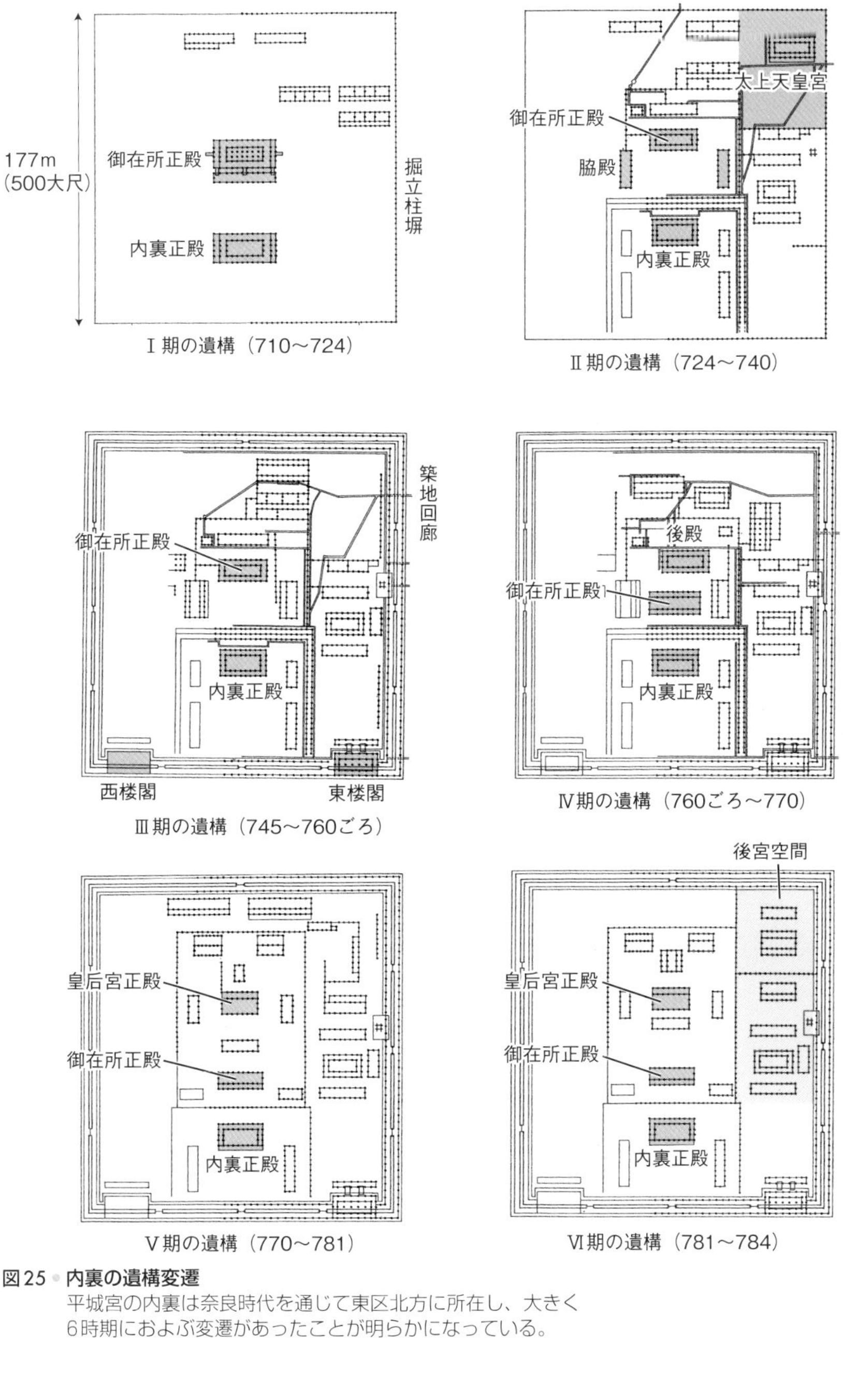

図25 ● 内裏の遺構変遷
平城宮の内裏は奈良時代を通じて東区北方に所在し、大きく
6時期におよぶ変遷があったことが明らかになっている。

Ｉ期は、遷都当初の内裏で、平城遷都の七一〇年（和銅三）から七二四年（神亀一）まで。元明・元正の二代の時期にあたる。約一七七メートル（五〇〇大尺＝六〇〇小尺）四方の正方形で、周囲を掘立柱塀でかこむ。御在所《ございしょ》正殿（位置的には平安宮の仁寿殿《じじゅうでん》、機能的には清《せい》涼殿《りょうでん》に相当）、内裏正殿（内裏内の出御空間。平安宮の紫宸殿《ししいでん》に相当。梁行は天皇の居住空間の特徴である三間）、および北方の画一構造の附属殿舎群などからなる。御在所正殿と内裏正殿は、造り替えはあるが、八世紀を通じて掘立柱の高床建物である（**図26**）。

Ⅱ期は、七二四年の聖武即位から、七四〇年（天平一二）の恭仁遷都までで、聖武の前半期に相当する。南北の長さを六三〇小尺とし、やや縦長の構造となる。この形がⅥ期までおおむね維持される。御在所正殿を建て替えて脇殿《わきでん》を付設するなど、正殿空間が拡大整備される。この時期のもう一つの大きな特徴は、東北隅の一郭に、内庭をともなう大規模な宮殿が設けられたことで、元正太上天皇が住まいした太上天皇宮とみられる。

図26 ● 内裏正殿（Ⅱ・Ⅲ期）**の模型**
内裏正殿は平安宮の紫宸殿に相当する天皇の内向きの出御空間。これに対し外向きの出御空間が内裏外郭に位置する大安殿（第二次大極殿）。

Ⅲ期は、七四五年（天平一七）の平城還都から七六〇年（天平宝字四）ごろまでで、聖武末期から孝謙の時期に相当する。区画施設を築地回廊に造り替え、南面の東西に楼閣を付設する。第一次大極殿院南面にあった東楼・西楼を受け継ぐ施設であろう。Ⅱ期に設けられた太上天皇宮がなくなったのは、第一次大極殿院の西宮への改造に連動するものだろう。

Ⅳ期は、天平宝字年間から七七〇年（宝亀一）までで、淳仁・称徳の時期にあたる。『続日本紀』にみえる天平宝字四、五年（七六〇、七六一）ごろの内裏の改作後の姿にあたるとみられる。御在所正殿は南北両面廂に建て直され、前庭がなくなる。また、内裏正殿の規模が縮小し、建物が格下げされる。

Ⅴ期は、宝亀年間（七七〇―七八一）で、光仁《こうにん》の時期に相当する。御在所正殿と内裏正殿を元の規模に戻す一方、南側の空間が狭められる。御在所空間と内裏正殿空間との一体性が意識された改造である。この時期の特徴は、内裏正殿空間の北に、これとは別に正殿（平安宮

図27 ● 復元整備された内裏の井戸
天皇の飲料水用とみられる内裏の井戸。井戸館をともなう大規模なもので、周囲に玉石や切石を敷き詰め、径1.7ｍの一木刳り抜きの巨大な井戸枠を据える。

の常寧殿《じょうねいでん》に相当）と、前殿・東西脇殿からなる皇后宮《こうごうぐう》とみられる空間が成立したことである。井上内親王が光仁《こうにん》の皇后になったことによる。これ以前にも聖武の皇后藤原光明子《こうみょうし》（光明皇后）が存在したが、皇后宮は一貫して平城宮外に営まれ（はじめは長屋王宅跡地の平城京左京三条二坊一・二・七・八坪、のちに父不比等《ふひと》宅を伝領し寺に改めた法華寺）、光明皇后が平城宮内に住むことはなかった。

Ⅵ期は、桓武即位から七八四年（延暦三）の長岡京遷都までの短期間で、桓武の時期にあたる。御在所正殿や内裏正殿はⅤ期を踏襲するが、Ⅴ期の皇后宮を発展させる形で、東北部に後《こう》宮《きゅう》空間が整備されたのがこの時期の特徴である。ここにようやく平安宮内裏の後宮の原形が出現することになった。

内裏の変遷の特徴

内裏の変遷の特徴をまとめると、第一に、大枠の構造を維持しつつ、居住者である時の天皇の属性によって改造されたこと、第二に太上天皇宮が内裏内で生まれ、西宮として独立していくこと、第三に、内裏内に皇后宮が生まれ後宮として発展していくこと、となる。

なお、内裏内郭の天皇の出御空間である内裏正殿に対して、内裏外郭の出御空間として機能したのが、東区朝堂院の正殿としての機能をもはたした、奈良時代前半の大安殿、およびこれを建て替えた奈良時代後半の第二次大極殿である。この空間の南門は内裏南門として閤門とよばれ、その内側は奈良時代を通じて、中宮ないし中宮院とよばれたのは前述のとおりである。

5　東院地区ほか

東宮・東院・楊梅宮

平城宮東張り出し部南半（以下、この地域のもっとも一般的な呼称によって「東院地区」とよぶ）は、奈良時代を通じて天皇家に関わる空間として利用された（図3参照）。

はじめは皇太子の住まい東宮として造営された。七一〇年（和銅三）の平城遷都の時点では皇太子はいなかったが、七一四年（和銅七）、文武《もんむ》天皇の遺児で元明《げんめい》天皇の孫に当たる首皇子が立太子《りったいし》する。このころまでには東宮の造営は終わっていたのだろう。首皇子は七二四年（神亀一）に即位する。聖武天皇である。その後、光明子との間に誕生しすぐ立太子した皇子が翌七二八年（神亀五）に夭折《ようせつ》すると、七三八年（天平一〇）に阿部《あべ》内親王が立太子するまで一〇年以上にわたって皇太子不在の状態が継続する。

その後も平城京の時代を通じて、皇太子不在の時期が長くつづく場合が多かった。その結果、本来皇太子の住まいの東宮であったこの地域が、即位後の天皇によって使いつづけられる事態が生じるようになる。これが東院である。ことに阿部内親王は東宮の地を愛し、宮内離宮のような位置づけを与

図28 ● 東院所用の施釉瓦
東院出土の釉薬をかけて緑色に仕上げた軒瓦の組み合わせ。東院玉殿に葺かれた「瑠璃瓦」にあたるとみられる。

え、称徳《しょうとく》天皇として重祚《ちょうそ》したあとは、東院に玉殿《ぎょくでん》とよばれる瑠璃瓦《るりがわら》（施釉瓦《せゆうがわら》）を葺いた建物を造営している（**図28**）。

こうしたこの地の機能は称徳天皇没後も変わらず、ここを楊梅宮とよぶ離宮に改造した光仁天皇によってむしろ徹底された感がある。ただ、東院西北隅に接する溝からは、平城宮時代最末期の春宮坊《とうぐうぼう》に関わる木簡が出土しているので、光仁天皇の皇太子他戸《おさべ》親王や山部《やまべ》親王、あるいは桓武天皇の皇太子安殿《あて》親王の住まい東宮は、楊梅宮と一体として機能していた可能性も考えられる。

東院地区の遺構変遷とその特徴

東院地区の発掘調査はまだ途上で、未解明の部分が大きい。東院の代名詞のようになっている東南隅の庭園は、あくまでも東院に付属する庭園であり、東院の中枢部は、東院庭園の北西に位置する現在の宇奈多理《うなたり》神社の北側に展開していたとみられる。この地域の中央部には、周辺とは様相を異にする大規模な畦畔《けいはん》区画があり（**図29中央上部**）、東院地区南面でみつかった東院南門と軸線を共有している。東院地区最末期、おそらくは楊梅宮の中心建物の痕跡とみられる。

この地域にはおおむね六時期におよぶ大規模な遺構が展開していることが明らかになってきた（**図29**）。時期区分は、1期：奈良時代前半（首皇子の東宮の時期）、2期：奈良時代半ば（阿部内親王の東宮の時期）、3期：天平勝宝年間頃（孝謙天皇の時期）、4期：天平宝字年

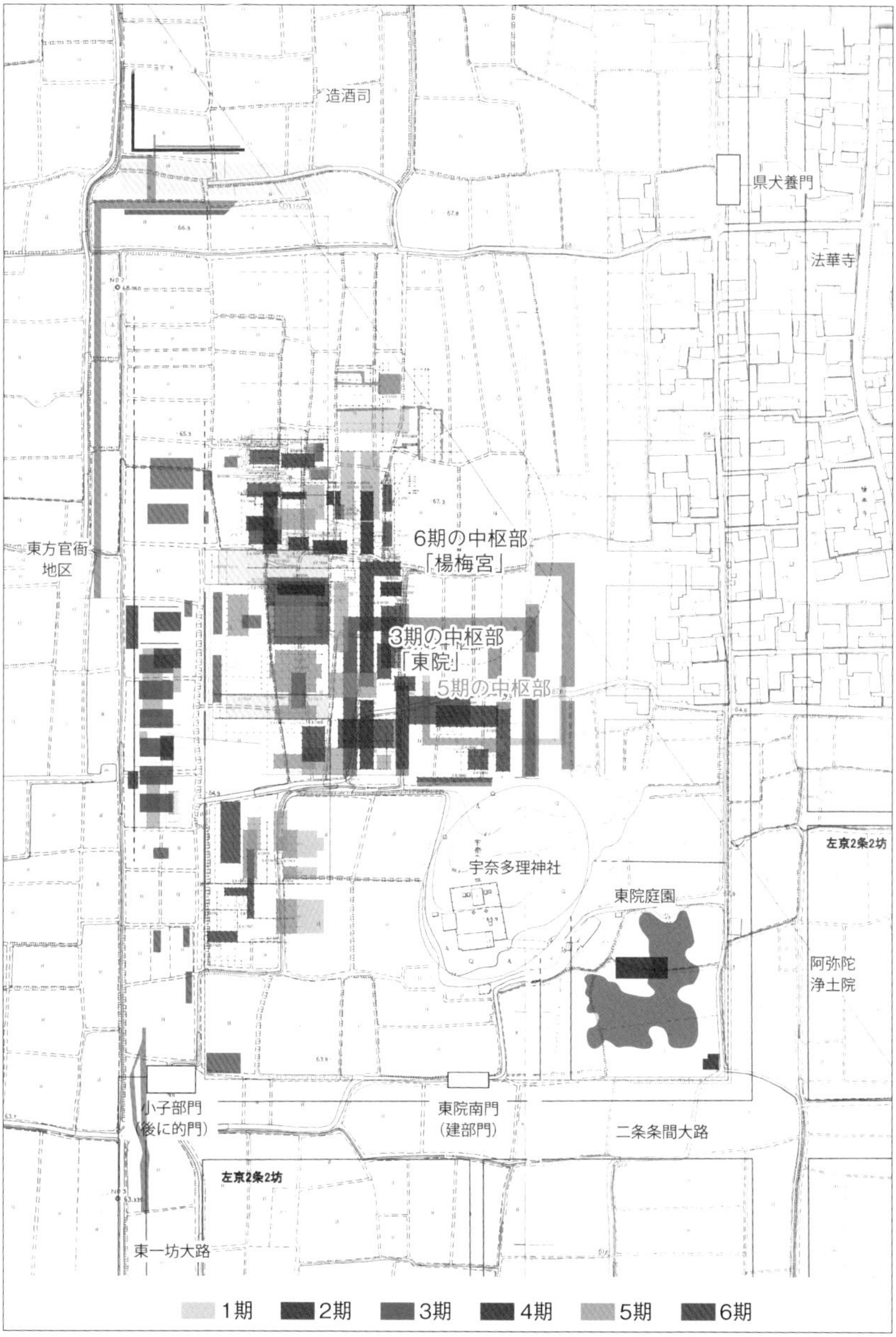

図 29 ● 東院中枢部の遺構変遷模式図
6時期におよぶダイナミックな変遷が見通せるようになってきた。中央部には回廊でかこまれた空間が、位置をかえながらも継続的に営まれていた。

間頃（淳仁天皇の時期）、5期：天平神護・神護景雲年間頃（称徳天皇の時期）、6期：奈良時代末期（楊梅宮の時期）のように整理できる。

これまでに明らかになったこの地域の遺構の特徴をまとめておくと、まず第一に、おおむね天皇の代替わりに対応するかのように、大規模な区画の改変をともなうダイナミックな遺構変遷を示すことである（図29・30）。

第二に、このような大規模な改変をともないながらも、多くの時期において、回廊状の建物でかこまれた空間が中軸部分に構築されているとみられること。文献資料には東院に朝堂があったことを示す記述があることと対応する。ただし、広場をともなう儀式空間をもつ基本構造を踏襲しているとはみられるものの、その南北位置は時期によって大きく異なっている。

第三に、中央の回廊状建物でかこまれた施設の外側（発掘調査で明らかになっているのはその西およ

図30 ● 東院西辺における複雑に重複する建物群の検出状況（北西から）
奥の森は宇奈多理神社で、そのむこう側に東院庭園が位置する。

び北西側）は、その機能を時期ごとに大きく変えていること。たとえば、西側では、3期と5期には大規模の総柱《そうばしら》建物群が立ちならぶ空間（倉庫説と楼閣宮殿説〔図31〕とがある）を構成する一方、中間の4期には規則的な建物配置をもつ役所風の様相を呈する空間となっている。また、6期には、西から中軸上の回廊空間に至る東西通路によってほぼ均等の規模の空間に細分している。

これらの特徴は、結局のところ、東院地区全体（ただし東南隅の庭園部分を除く）の頻繁かつダイナミックな造り替えに連動しているといってよい。宮内離宮といってよい天皇の居住空間として、天皇の代替わりごとにフリーハンドな改造が可能な施設だったのである。

東院庭園と宇奈多理神社

こうした中枢部分と顕著な対比をみせるのが、東南部のいわゆる東院庭園である。現在、奈良時代末

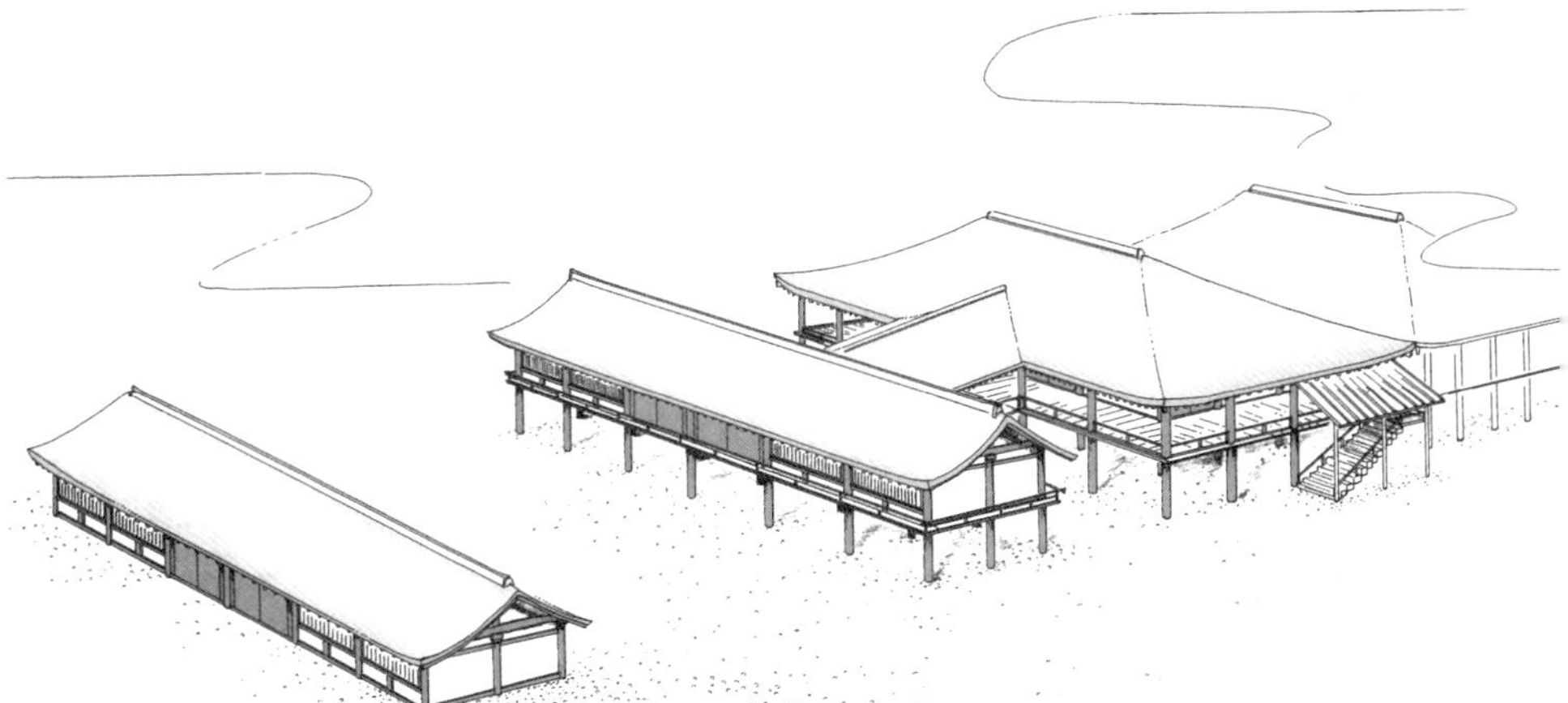

図31 ● **東院楼閣宮殿の復元イメージ**（図30の調査地の第5期の建物群。南東から）
東院西辺には大規模な総柱建物群が南北にならぶ。このような高床の楼閣状の宮殿とみる説と天皇の家産を納める倉庫とみる説とがある。

期の状況で復元がおこなわれ、特別名勝にも指定されている（図32）。建物の変遷はより複雑だが、池自体は大きく二時期に分けられる。

直線を多用した比較的単純な形状の前期の池と、岬や入江の出入りを強調し、曲線を活かした和風の造形に造り替えた後期の池があり、州浜《すはま》を設け、一部には立体的に石を配置するなどダイナミックな造形をみせる。池の北西と南には、曲水《きょくすい》の宴のための石敷きの蛇行流路をともなっている。

建物は一部が池に張り出すなど池と一体の構造を有するものが多く、宮東南隅にも当たる東南隅部には、堅固な基礎構造の掘立柱を用いた特殊な構造の遺構が検出されており、望楼風の楼閣建物として復元され隅楼と称されている（図14参照）。東北部には簡素な造りながら格式の高い礎石建ちの東屋風の建物があり、平橋《ひらばし》、反橋《そりばし》といった構造に変化をもたせた橋も設置さ

図32 ● 復元された東院庭園（西から）
東南隅の隅楼復元前の様子。中央の田圃は法華寺阿弥陀浄土院跡。761年（天平宝字5）の光明皇后一周忌の舞台。現世の庭と浄土の庭が、大垣をはさんで隣り合っていた。

れている。

全体として、平安時代の日本庭園の萌芽が認められる様相といわれている。現在では、宇奈多理神社をはさんで、その北側の東院中枢部と隔絶してしまっているが、両者がまったく無関係であるとは考えにくい。宇奈多理神社部分の奈良時代の様相は、東院の解明には不可欠の情報で、庭園部分との有機的な関係の把握が課題となろう。

西池宮と松林苑

佐紀池の南西には、東西一一二メートル、南北一一八メートルのほぼ正方形の区画に、正殿・後殿と長大な南北棟の脇殿などの礎石建物を配した格式の高い施設がみつかっている（**図3参照**）。七三八年（天平一〇）夏に、大蔵省で相撲を観覧した聖武天皇が立ち寄って宴会を催し、庭前の花のない梅を詠めという難題を与えた（『続日本紀』同年七月癸酉条）という宮内離宮、西池宮に比定されている。また宮北方には、平城宮よりも広大な敷地を擁したとみられる離宮松林苑が展開しており（**図1参照**）、築地塀の痕跡とみられる土塁状の高まりが各所に残っているものの、その実態はなお未解明である。

大嘗宮の発見

大嘗祭のために設営される祭場が大嘗宮で、祭日の数日前に設営され、終了後は直ちにとり壊される。平城宮東区朝堂院の朝庭部の発掘調査で五代分の天皇の大嘗宮がみつかった。これらは元正・聖武・淳仁・光仁・桓武の五代の大嘗宮である。『続日本紀』は淳仁・光仁・桓武の大嘗宮の祭場を太政官（乾政《けんせい》官《かん》）院と記す（天平宝字二年十一月辛卯条・宝亀二年十一月癸卯条・天応元年十一月丁卯条）から、太政官院は太政官の曹司ではなく、東区朝堂院を指すことなる。

一方、中央区朝堂院でも奈良時代後半の一代分の大嘗宮の存在が明らかになり、称徳天皇の大嘗宮に比定される。称徳のみ中央区で挙行したのは、彼女の身位が太上天皇で、その宮殿である西宮の前面で挙行したためだろう。

これら六代の大嘗宮は、いずれも廻立殿《かいりゅうでん》（祭儀前の休息や湯浴みなどをおこなう建物）の存在が明確ではない。これは祭場が内裏ないし西宮に近接するため、廻立殿が不要だったためとみられる。残る孝謙の大嘗宮は南薬園新宮《みなみのやくえんのしんきゅう》で挙行された（『続日本紀』天平勝宝元年十一月乙卯条）。東区が上層への改作の途上にあったため、宮外での挙行を余儀なくされたとみられるが、その所在地は明確ではない。

東区朝堂院における光仁天皇の大嘗宮の平面表示の様子。

第4章　役所域ほか

1　南方官衙の様相

平城宮の役所区画

平城宮内には、中心部分に大極殿・朝堂院・内裏・東宮など、政務の中枢施設や天皇家に関わる居住空間を配置し、その周囲の空間を役所区画としている。宮自体が東西対称の構造ではないため、役所区画も宮殿の余白を埋める形で配置され、藤原宮で想定されるような整然とした配置には必ずしもなっていない。

平城京の条坊区画の痕跡が、耕作地の地割として現代まで遺存してきたのと同様に、平城宮内の役所区画の痕跡も地割の形で維持されてきた。最新の検討成果は**図5**に示したとおりである。中枢施設にくらべて役所地域の発掘調査はまだ緒についたばかりといってよいが、中枢部分と同様に役所地域においても、奈良時代前半と後半とで平城宮は大きく様相を変えていることが明らかになってきている。そして、奈良時代後半の姿が、長岡宮をへて平安宮に受け継がれていったらしいことも見通せるようになってきた（図3・33参照）。

ここでは、ブロックごとに役所区画の様相を概観してみよう。まず、東区朝堂院南方には、西から兵部省、式部省、神祇官《じんぎかん》がならぶ。この地域は、平城宮内の役所としてはこれまでに明らかになったなかでは、もっともダイナミックな変遷を示す場所である。

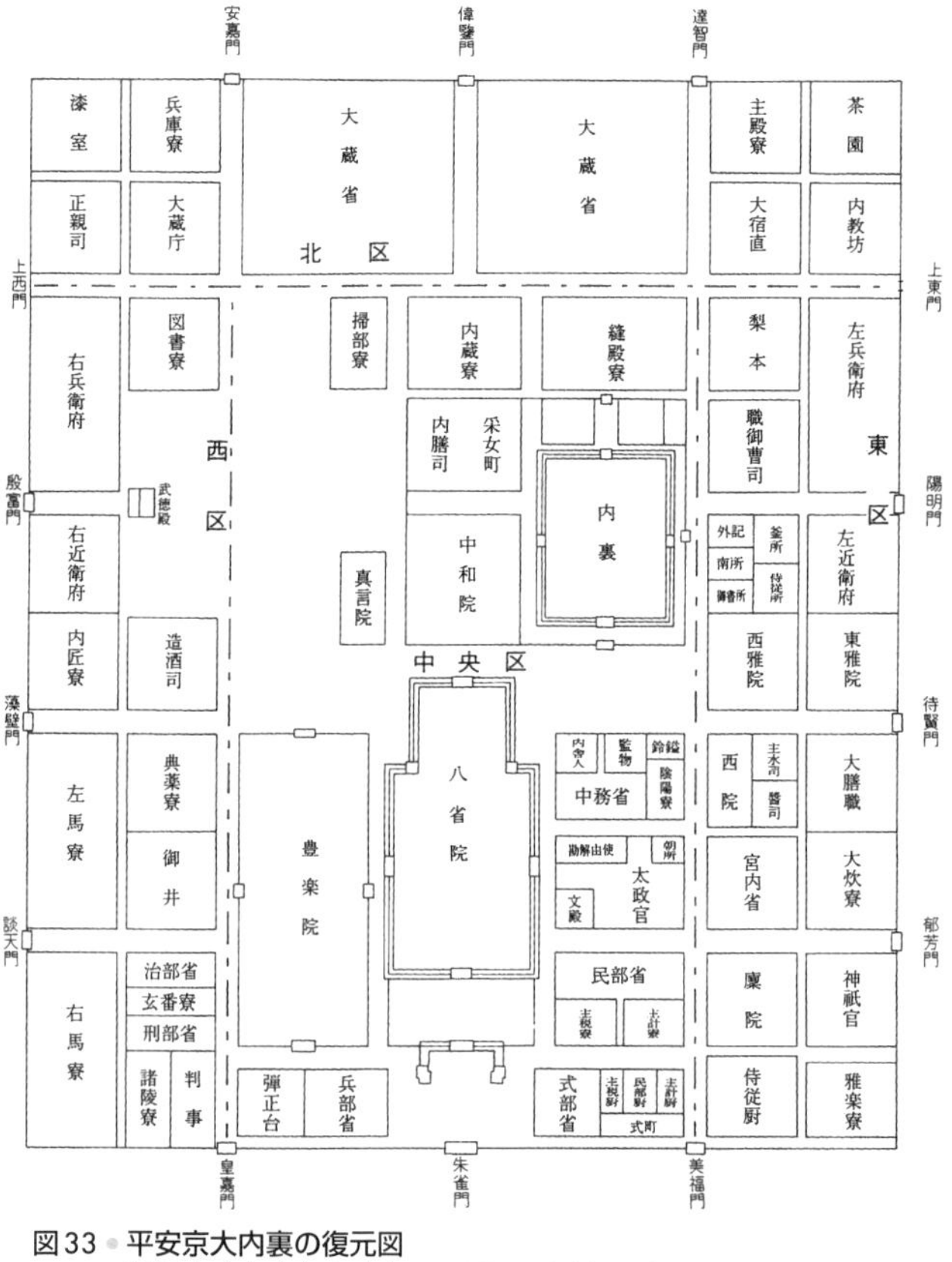

図33 ● 平安京大内裏の復元図
陽明文庫本と九条家本の2種類の宮城図が伝わっており、平城宮の役所配置を考えるうえでも大事な情報源となっている。

式部省・兵部省

式部省は文官の人事、兵部省は武官の人事を担当する役所である。両省は、壬生門と朝集院を結ぶ道路に面して八脚門《はっきゃくもん》の正門を開き、この道路を対称軸として東西対称に配置された双子の役所といってよいほどよく似た構造をもつ（図34）。役人の人事を分掌する対になる役所であることがよくわかる。

一辺約七三・九メートル（二五〇尺）四方（施工誤差とみるにはやや過大だが、実際には東西は約七四・五メートル（二五二尺）で、やや横長である）で、南北を北から約五対一三に分ける位置に東西塀を設け、その南側には、広場をかこむ形で正殿と東西各二棟の脇殿の計五棟を、南に開いたコの字形に配置する。ま

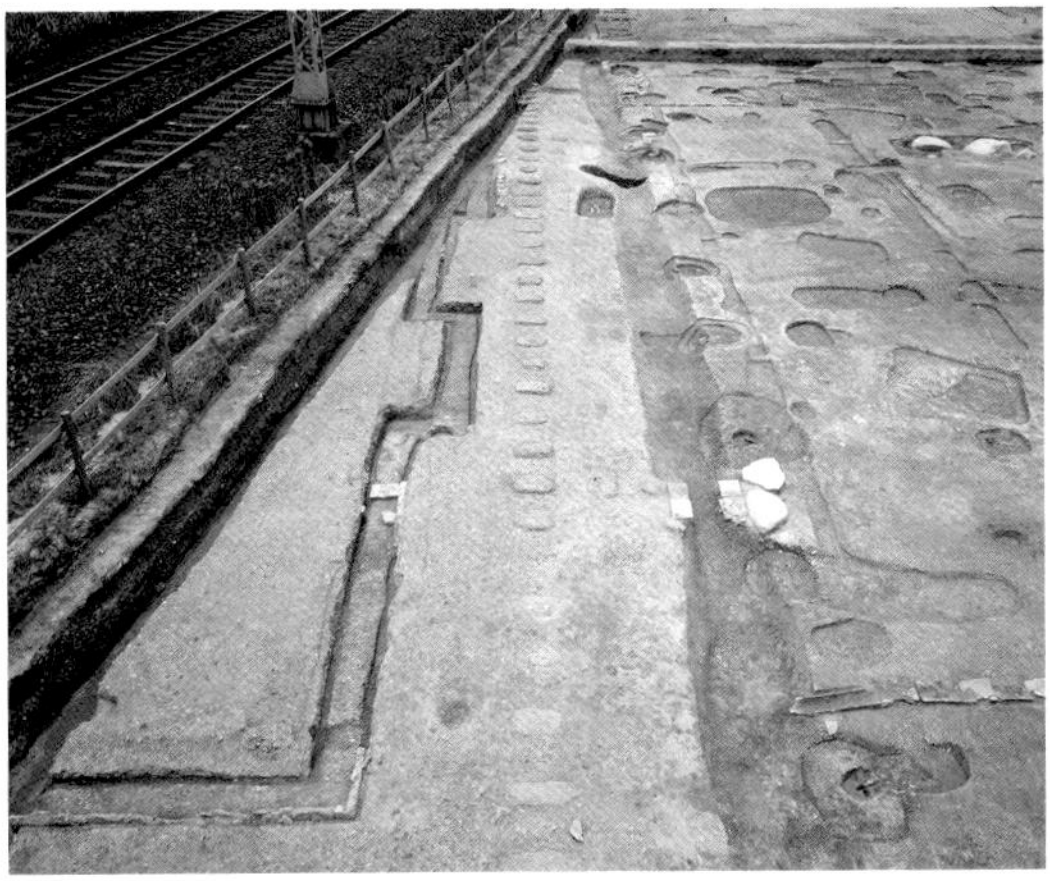

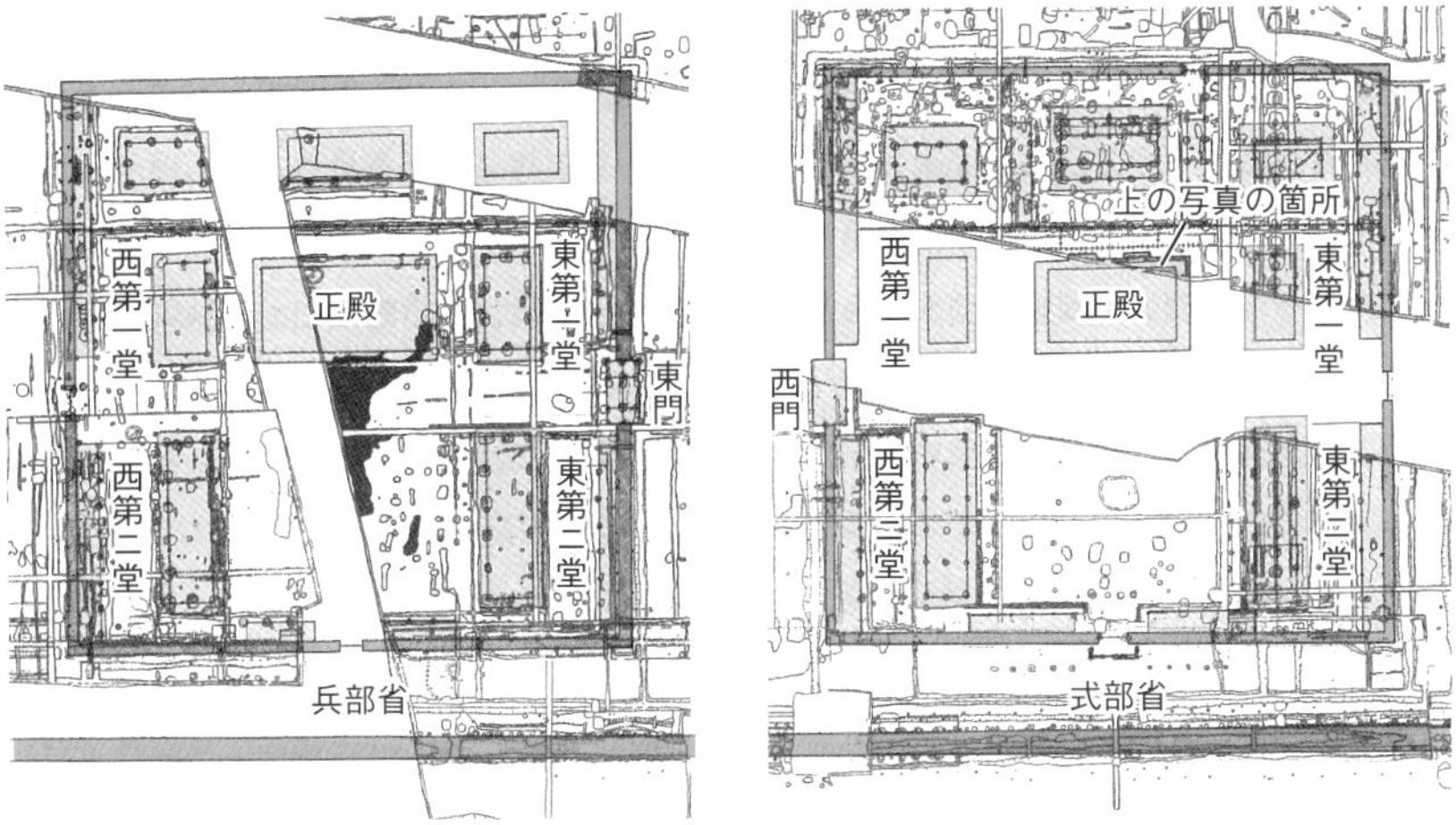

図34 ● 式部省・兵部省の建物配置
双子の役所、兵部省（下左）・式部省（下右）の建物配置と、大半が近鉄線の下ながら東北隅部分をかろうじて検出できた式部省の正殿（上。東から）。

た、東西塀の北側には事務棟とみられる小型の東西棟建物を東西に三棟ならべる。

これら計八棟の建物はいずれも礎石建物で、非常に格式の高いコンパクトな空間を構成している。とくに南側の空間は、大極殿・朝堂院のミニチュアといっても過言ではない様相を示す。兵部曹司《ひょうぶのぞうし》（兵部省の執務空間）は、淳仁天皇の御在所や新羅使喚問の場として用いられたことがあり（『続日本紀』天平七年二月癸丑条・天平宝字五年正月丁酉条）、こうした空間としての格式の高さに相応しい（**図35**）。

神祇官

神祇官は宮内の神祀りや全国の神社行政を担当する役所である。式部省の東隣に位置し、築地塀で仕切られた東西二つの空間、東院と西院からなる（**図36**）。主要建物は両院とも礎石建物で、格式の高さは式部省・兵部省に勝るとも劣らない。平安宮の神祇官の建物配置が図面に残っており（**図36上左**）、発掘調査成果を照合すると、

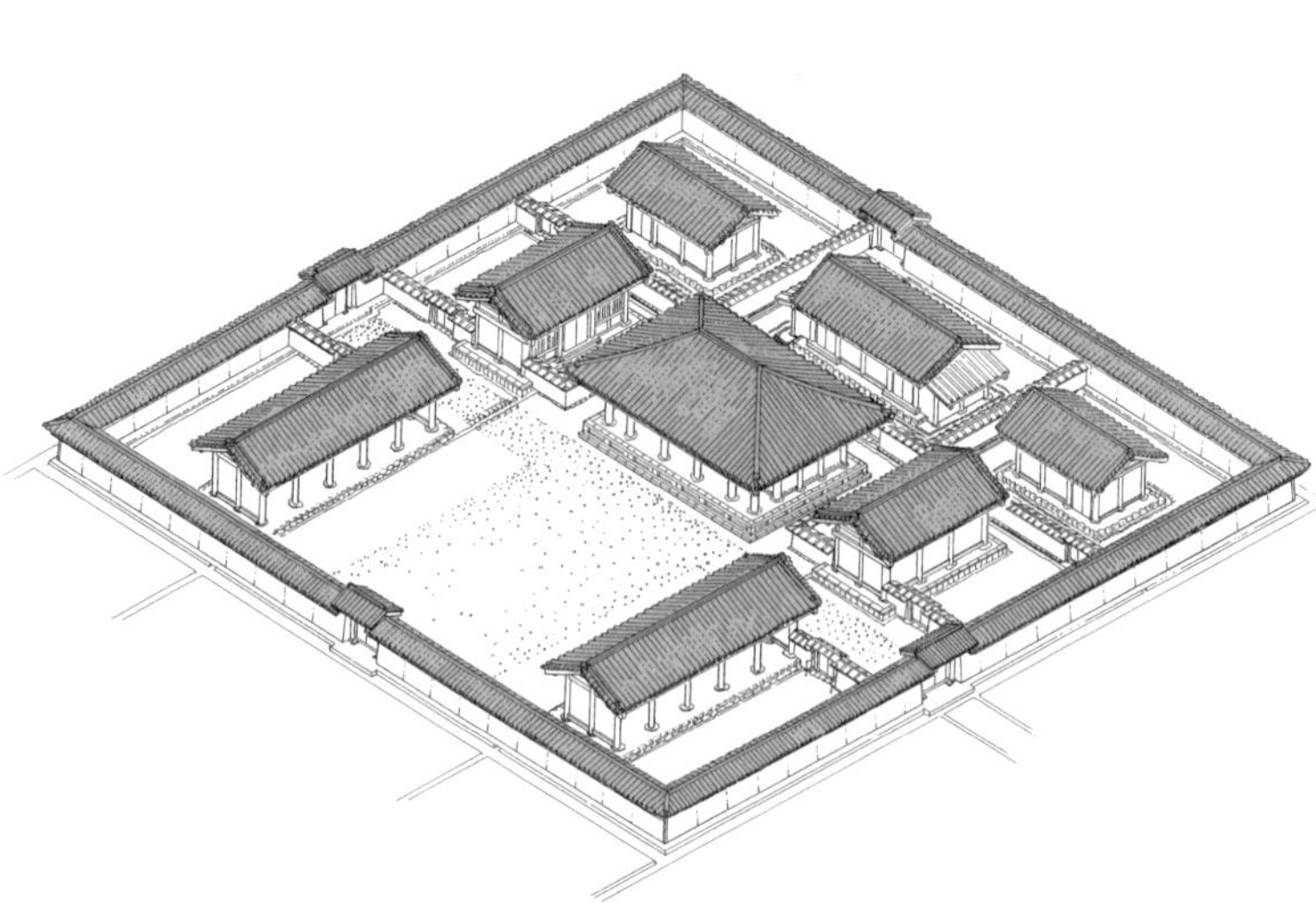

図35 ● 兵部省の復元図
南東方向からみた兵部省の想定復元図。東門を八脚門に造り替える前の造営当初の状況を描いている。

ほぼ平城宮の神祇官にまでさかのぼることがわかる。

神祇官の最大の特徴は、西院に顕著なように、南門にくらべて北門の規模が大きく北を正面とすることである。この点は平城宮のほうがむしろ徹底しており、南北の庁舎のうち明らかに南の建物のほうが大きく、西院の正殿とみなしうる。建物配置までもが異例の北

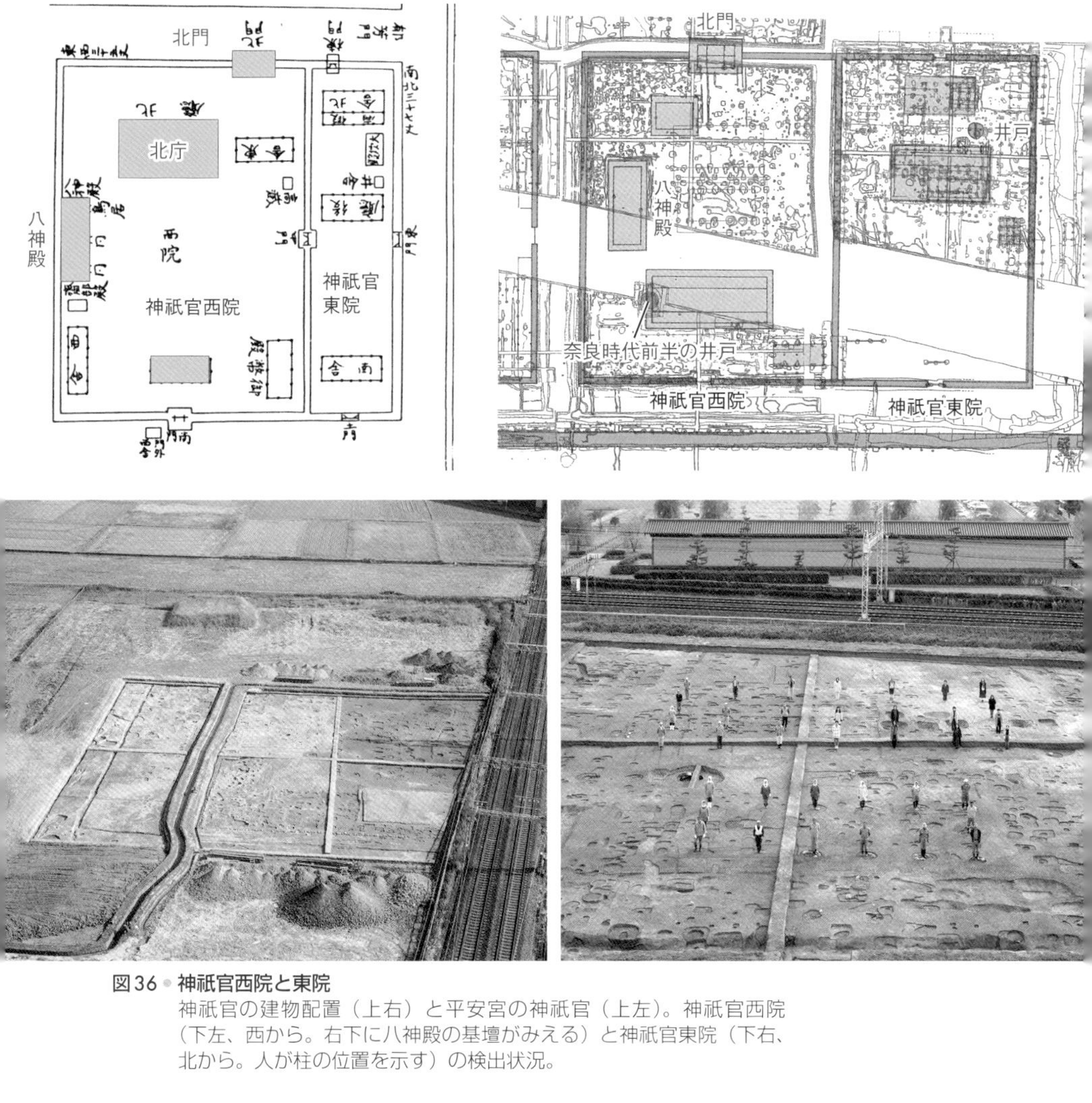

図36 ● 神祇官西院と東院
神祇官の建物配置（上右）と平安宮の神祇官（上左）。神祇官西院（下左、西から。右下に八神殿の基壇がみえる）と神祇官東院（下右、北から。人が柱の位置を示す）の検出状況。

向きなのである。

　平安宮の神祇官の建物配置との共通性は東院も同様で、井戸の位置まで同じである（図36）。平城宮神祇官の井戸（図37）からは、神社名を書いた削屑や神饌《しんせん》の目録とみられる木簡（図38）が出土し、神祇官であることを立証した。区画内の出土文字資料によって役所名を特定できた幸運な事例である。

　神祇官西院南側の基壇建物の下層では、奈良時代前半にさかのぼる井戸を検出し（図39）、式部省の考選木簡の削屑がまとまって出土したことから、ここが奈良時代前半の式部省だったことも判明した。壬生門北の式部省・兵部省は、奈良時代半ばの整地土の上に構築されており、奈良時代前半にはさかのぼらないことが明らかになっていた。奈良時代前半には宮東南隅に置かれた式部省は、奈良時代後半に西隣の区画に新造・移転したことになる。

図37 ● 神祇官東院の井戸（東から）
内裏の井戸よりひとまわり小さいが、径約1mの一木刳り抜きの巨大な井戸。上部の井戸枠抜取穴から神祇官関係の木簡が出土した（図38）。

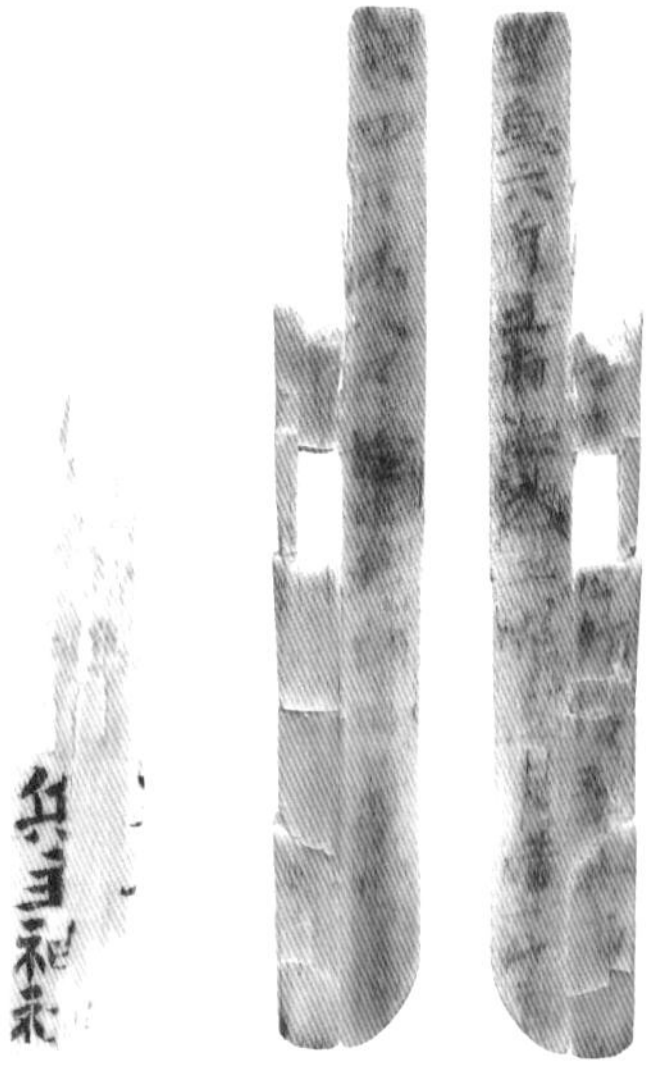

図38 ● 神祇官東院の井戸出土の木簡
堅魚・海藻・腊（きたい）など神饌の目録とみられる木簡（右）と、神社名が書かれた削屑（左）。

東区朝堂院南方官衙の変遷の課題

ところで、壬生門内側のこれら三つの役所の成立時期については、なお課題が残っている。まず、式部省・兵部省について。両省は、大宝令の規定で文官と武官の人事を分掌する対等の関係に位置づけられている。しかし、実際には奈良時代はじめには式部省が武官の人事をも掌握しており、奈良時代前半は対等化の過程だった。それが実現するのは、藤原宇合《うまかい》・麻呂《まろ》の兄弟が両省の長官に就く天平はじめごろ（七三〇年代初頭）のことである。

つまり、このころようやく双子の役所として両省が建設される前提条件は整ったことになる。しかし、考古学的には七四五年（天平一七）の平城還都以降の建設とみる見解は動かない。そうすると、条件が整ってから、実際の建設まで一五年以上におよぶ開きがあることになる。

東区朝堂院南方における平城還都後の役所整備が、その北にある朝堂院・大極殿（第二次）の整備（下層掘立柱建物から上層礎石建物への建て替え）と深く関わることは想像に難くない。この建て替えは前述のように平城還都後とみるのが現在一般的な理解だが、その一方で、建て替え後の建物の屋根に葺かれた軒瓦が二条大路木簡

図39 ● 神祇官西院南殿下層検出の奈良時代前半の式部省の井戸（南から）
井戸枠を抜きとった跡の穴に、養老・神亀年間（717-729）ころの式部省関係の木簡約4700点が捨てられていた。

が出土した遺構から出土し、その製作が恭仁遷都よりも前にはじまっていることが明らかになっている。こうした状況から判断すると、式部省・兵部省の建設を含む東区の改造計画は、七三〇年代初頭に開始されていたとみるのが穏当ではないか。

順調に進むはずだったこの東区の再整備を頓挫させたものがあるとすれば、それは七三五年（天平七）にはじまり猛威をふるった天然痘の流行以外に考えられない。恭仁・難波・紫香楽への相次ぐ遷都も、たとえそこに聖武天皇の確たるビジョンがあったにせよ、天然痘の大流行にはじまる政情不安の延長線上に位置づけられることは動かせないだろう。一説に全国民の三分の一におよぶ命が奪われたともいわれる混乱が、一五年以上におよぶ空白をもたらしたのである。

神祇官の成立時期についても課題が残る。前身の式部省の井戸の埋没年代からすれば、式部省の西隣への移転直後の天平末年ごろに神祇官が成立したとしてもおかしくない。しかし、こう考えるには障害となる遺物があ

図40 ● 古代の役人の七つ道具
左上から順に、円面硯、水差し、転用硯（食器を硯に転用）、墨、筆、小刀、砥石、木簡。なかでも筆と小刀は必需品で、役人は「刀筆の吏」とよばれた。

る。宮東南隅の宮南面大垣内側の溝、すなわち神祇官と南面大垣の間を東に流れる東西溝から、七七〇年代前半を最新の年紀とする奈良時代末近い時期の、式部省関係の削屑を主体とする木簡一万三〇〇〇点が出土していることである。これを整合的に理解するためには、式部省本体の西隣への移転後も跡地は式部省の実務空間として使われつづけ、これらの木簡の示す年代からほどなく、すなわち宝亀年間（七七〇―七八一）に神祇官に建て替えられたとみるのが穏当ということになろう。

2　東方官衙の様相

東方官衙とその調査

東方官衙《とうほうかんが》は、第二次大極殿・東区朝堂院と東院地区にはさまれた南北に細長い地域である。平安宮の役所配置を参考にすると、太政官《だいじょうかん》・中務省《なかつかさしょう》・民部省《みんぶしょう》など、とくに国政の中枢を担った役所が多く配置された場所とみられる。この地域は谷筋にもあたり、多くの遺物が良好な状態で出土することが期待される。中央を東大溝《ひがしおおみぞ》の南延長部分が南流する（ただし真南には神祇官が位置するので、東方官衙のいずれかの地点で東に折れることが予想される）。

この地域の発掘調査では、想定される四つの役所ブロックに対して（図41）、それぞれ東西・南北二本の六メートル幅のトレンチにより遺跡の概要をあらかじめ把握する手法で発掘調査をおこなっている。従来の面的な調査区を順次設定する方法では全貌の解明に多大の時間を要することに対処するための工夫である。以下、これまでに明らかになった遺跡の概要をブロックごとに述べる。

まず最北端のブロックaでは、東半で役所の正殿としては宮内最大規模の基壇建物とその脇殿とみられる建物、および両者を結ぶ軒廊《こんろう》状の遺構を検出している。太政官の実務空間である弁《べん》官曹司《かんぞうし》の可能性が高いと思われる。西半にも基壇建物が展開する。

その南のブロックbの東半は掘立柱建物の空間で、南端の焼却土坑群から出土した厖大な量の木簡の内容から、兵衛府《ひょうえふ》・近衛府《このえふ》・中衛府《ちゅうえふ》・衛士府《えじふ》など衛府の空間と想定される。一方、西半は礎石建物の総柱倉庫が東西にならび、民部省廩院《りんいん》（米蔵）の可能性が考えられている。

さらにその南のブロックcでは、東半に築地塀で細かく仕切られた空間に一棟ずつ計六棟の礎石建物がならぶ特異な空間が展開し、某官司の高官の曹司（執務空間）とみられる（図42）。

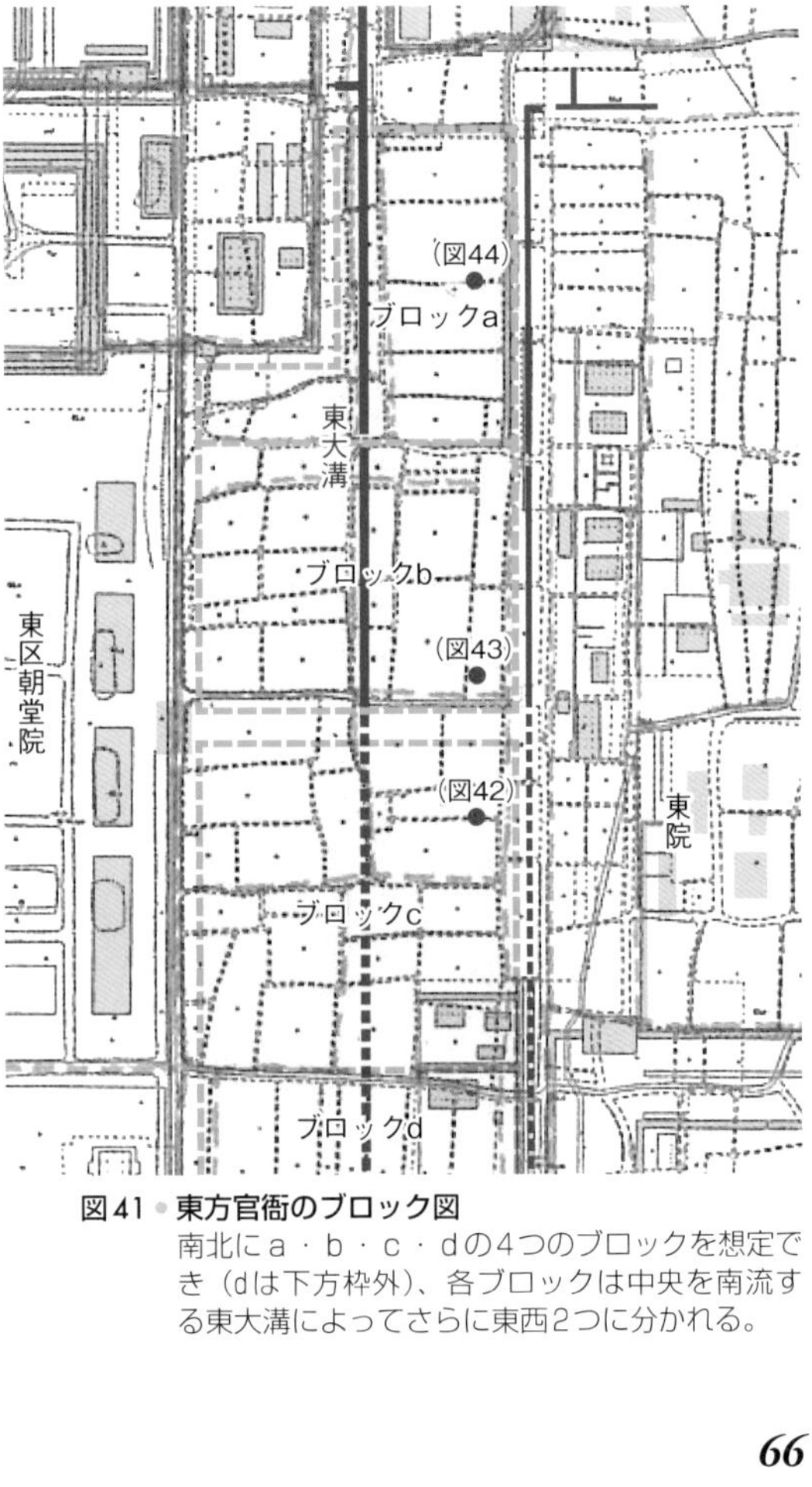

図41 ● 東方官衙のブロック図
南北にa・b・c・dの4つのブロックを想定でき（dは下方枠外）、各ブロックは中央を南流する東大溝によってさらに東西2つに分かれる。

さらにその下層には、式部省関係の木簡を含む整地土が確認されているが、なおその実態は明確ではない。また、西半には探査のみの成果ではあるが、広範囲に石敷き遺構の展開が認められ、井戸などの遺構の存在も想定されている。一番南のブロックdのトレンチ調査は未実施で、内裏東大溝の行方はまだ把握できていない。

東方官衙では、トレンチ調査の成果を受けて、とくに重要な遺構が検出された部分については、すでに面的な発掘調査も一部で実施されているので紹介しておく。

東方官衙の焼却土坑

まず、ブロックb南端に掘られた焼却土坑について。東西約一一メートル、南北約七メートル、深さ約一メートルの楕円形のゴミ穴で、輪郭部分に炭層が帯状にまわる（**図43**）。断面観察により、当初円形に掘られたものが、東へ拡

図42 ● 東方官衙のブロックcで検出した礎石建物群（南東から）
築地塀で区切られた空間に東西棟礎石建物が一棟ずつ配置される。規模や構造が少しずつ異なり、北ほど格上の空間とみられる。

張を重ねた結果、検出したような形状になったものとわかった。下層に厚さ五〇センチにおよぶ木屑の堆積があり、削屑を主体とする数十万点におよぶとみられる木簡をはじめとする多様な木製遺物、自然遺物が厖大な量含まれていた。

天平宝字から宝亀はじめごろまでの衛府関連の木簡を含み、七七二年（宝亀《ほうき》三）二月の衛府の再編（『続日本紀』同月丁卯条）に関わる造営事業にともなう遺物とみられる。焼却を繰り返した後、最後はゴミを投棄したまま焼却せずに埋め戻したとみられ、輪郭部分を残して土坑中央部は精良な粘土で堅く締めながら埋め戻していた。土坑と重複する建物跡も検出されているから、ブロック南端のこの場所が常時ゴミ捨て場だったわけではないこともわかる。周辺には同様の焼却土坑がさらに展開しており、厖大な量の遺物が眠っているとみられる。役所こそが歴史資料の宝庫であることを再認識させた成果だった。

図43●東方官衙の焼却土坑（北から）
土層観察用の畦を残した状態の写真。周辺には同性格の焼却土坑が点在する。調査区右端には小規模なもの、また右上には調査区外に展開する大規模なものがみえている。

太政官（弁官）曹司

ブロックaの基壇建物は、これまで平城宮内でみつかった役所の建物として最大規模のもので、この役所の重要性と格式をうかがわせる（図44）。南北棟の脇殿の存在も明らかになっており、両者は軒廊状の礎石建物でつながれていた。こうした建物配置の特徴は、平安宮の太政官の構造と類似する。建物の規模も、国政の中枢を担う役所としてふさわしい。また、朝堂院の東という宮内における配置も平安宮と類似する。全貌の解明はなお今後の課題だが、太政官の事務部局である弁官曹司が、ブロックaの有力な候補であるのはまちがいないだろう。

従来、太政官（弁官曹司）としては、東方官衙の北でみつかった塼《せん》（古代のレンガ）を積んで基壇を構築する特徴的な構造の建物を有するいわゆる塼積基壇官衙《せんづみきだんかんが》（遺構展示館で発掘調査時の姿を露出展示中）を候補にあげることが多かった。し

図44●東方官衙のブロックaでみつかった大型基壇建物（北西から）
平城宮の役所の礎石建物としては最大の規模で、太政官の弁官曹司の中心建物とみられる。今後の周辺の調査に期待したい。

かし、ブロックaの役所と比較すると、建物構造は特異であるものの規模はくらべものにならない。また、すぐ西側を南流する東大溝から出土した木簡の内容をみると、塼積基壇官衙の西から南西にかけての地点では、中務省に関わるものが比較的多く出土している一方、太政官との関わりを示す木簡はほとんど確認できない。こうした点からみて、太政官（弁官曹司）としては、塼積基壇官衙ではなく東方官衙のブロックaをあて、塼積基壇官衙は中務省とみるほうがよさそうだ。

推定宮内省

宮内省は、内廷《ないてい》業務に止まらず、文字どおり宮内の雑事を担当する現業官司の集合体である。現在の宮内庁は中務省に相当し、役割が異なる。東方官衙の弁官曹司とみられる役所の北西、内裏東外郭の一郭を占める役所が宮内省と推定されている。平城宮跡で最初に建物復元がおこなわれた遺

図45 ● 推定宮内省の復元状況（北東から）
掘立柱建物４棟と築地塀の一部、および北門が復元されている。
南北棟礎石建物の正殿は、基壇と礎石の復元のみの状態。

跡で、主要建物五棟で構成される（図45）。東北隅の桁行七間、梁行四間の東西両面庇の礎石建ち南北棟が正殿で、その南に位置する二棟の東西棟は事務棟、西辺に南北にならぶ二棟の南北棟は倉庫とみられる。

この役所が宮内省である明確な根拠はじつはない。根拠とされてきたのは、内裏外郭という所在地と、東辺を南流する東大溝から「宮内省」関連の墨書土器が多数出土していることである。しかし、宮内省関連の墨書土器の出土地点はおおむね中務省の可能性が高くなった塼積基壇官衙の西側よりもさらに北であり、南流する東大溝の状況から考えると、宮内省は復元建物の役所よりもっと北方に想定するのが妥当だろう。

造酒司

造酒司は酒や酢の醸造を担当する現業官司である。東方官衙の北方、法華寺にむかう宮内道路の北側に展開する。醸造用や保管用とみられる埋甕《うめがめ》の痕跡を残す建物と井戸を主体に構成される作業空間の様相が明らかになっている（図46）。

宮内道路にむかって開く南門の位置からみると、これまでに調査がおよんだのは区画の西半で、南門の位置を中軸線として東に折り返した地点を東限とし（遺存地割にも合致している）、未発掘の東半が事務空間だったと考えるのが自然だろう。井戸には、通常の井戸のほか、水屋とでも称すべき大型の平面をもつものや、大規模な石敷きや六角形の井戸館《いどやかた》をともない、天皇用の酒を醸すための水を汲み上げる「御井《みい》」とみられる格式の高い井戸など、さまざまなヴァリエーションがある。

区画西辺は井戸水を排水するための空間になっている。甕の付札など造酒司の日常作業にともなうもののほか、聖武天皇の大嘗祭に関わる資料を含む木簡（国宝）がみつかっている。

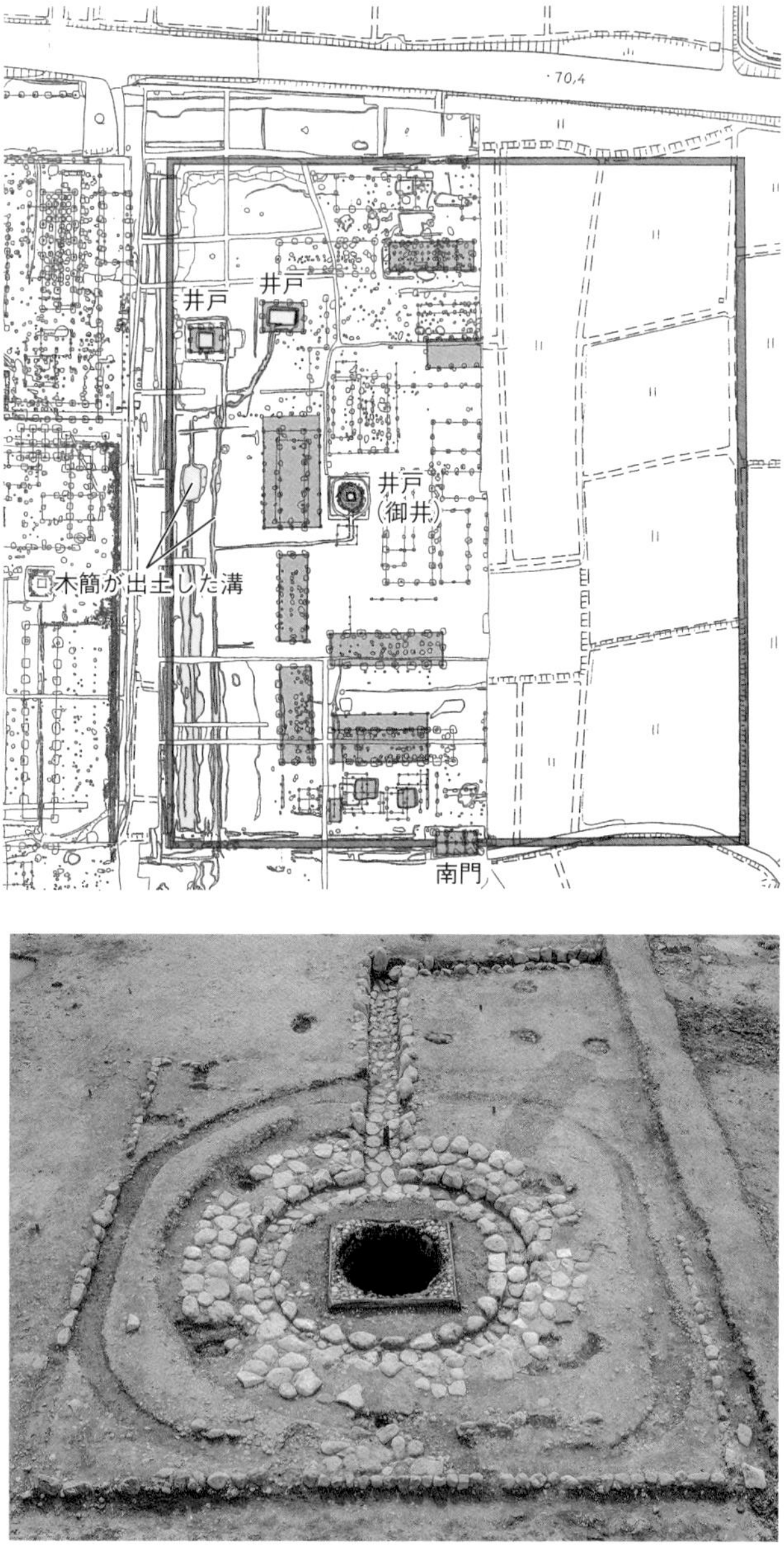

図46 ● 造酒司の遺構図と井戸（北から）
造酒司の建物配置（上）と、天皇用の酒の醸造に用いる御井（みい）とみられる石敷きをともなう井戸（下）。

3　北方官衙ほかの様相

西宮北方官衙と内裏北外郭官衙

復元された第一次大極殿の基壇から県道をはさんで北側をみると、ツゲの木で柱や築地塀を整備した役所跡が望める。ここには一九六一年に平城宮跡最初の木簡が出土した土坑《どこう》が所在する。第一次大極殿と併存するような錯覚を覚えるが、じつは第一次大極殿をかこむ築地回廊は、県道北側のこの役所の位置まで展開していた。つまり、両者は併存しないのである。

この役所区画（図48）は、奈良時代後半に第一次大極殿院跡地に太上天皇宮として設けられた西宮の建設後にできあがったものである。西宮北方官衙とでもよぶべき位置で、西宮とこの役所との関係は、ちょうど内裏とその真北の内裏北外郭官衙（図47）の関係とほぼ同じである。

西宮北方官衙と内裏北外郭官衙は、いずれも一つのブロックとして使うのではなく、掘立柱塀で東西に二分割しているが、その位置は異なっている（図47・48）。西宮北方官衙は、西側は広場のまわりに倉庫が立ちならぶ現業部門の空間、東側は規模の大きな中心建物を有する事務部門の空間とみられる。一方、内裏北外郭官衙では、西側は役所の事務空間、東側は広場をかこんで建物がならぶ現業部門の空間で、大型の井戸を中心に作業場が展開している。

西宮北方官衙も内裏北外郭官衙も役所内の土坑から木簡が出土している（いずれも国宝）。西宮北方官衙では、食料を請求する木簡や食材の付札が出土し、「羹所《あつものどころ》」などの墨書土器を含むことから、大膳職《だいぜんしき》とみられてきた。しかし、官司名を記すものがほとんどなく、決め手に欠ける感を否めないため、大膳職推定地と称している。一方、内裏北外郭官衙の木簡も官司名を決める手がかりが少なく、墨書土器「内裏盛所《だいりもりどころ》」の出土を主たる根拠に、天皇の食膳を担当する内膳司《ないぜんし》とみられているが、これも推定の域を出ないため、内膳司推定地とよんでいる。

これらのうち、内裏北外郭官衙（**図47**）については内裏の真北という位置からいえば、内裏にともなう調理・配膳空間内膳司の所在地としてふさわしい。しかし、西宮北方官衙については、そもそも造営自体が少なくとも奈良時代後半に降る。大膳職が移転してきたとみるよりは、西宮関連施設として新たに造営された可能性を考えるべきではないだろうか。

大膳職の根拠とされる代表的な木簡に、法華寺にいた孝謙太上天皇側近の女官筑波命婦《つくばのみょうぶ》が四種類の食材を請求した、いわゆる寺請《てらこう》木簡がある（**トピック1参照**）。食材の請求だから宛先は大膳職と考えられてきたわけだが、西宮の維持のために設けられた食材の保管・調理・配膳空間であったとすれば、大膳職であるとはかぎらない。

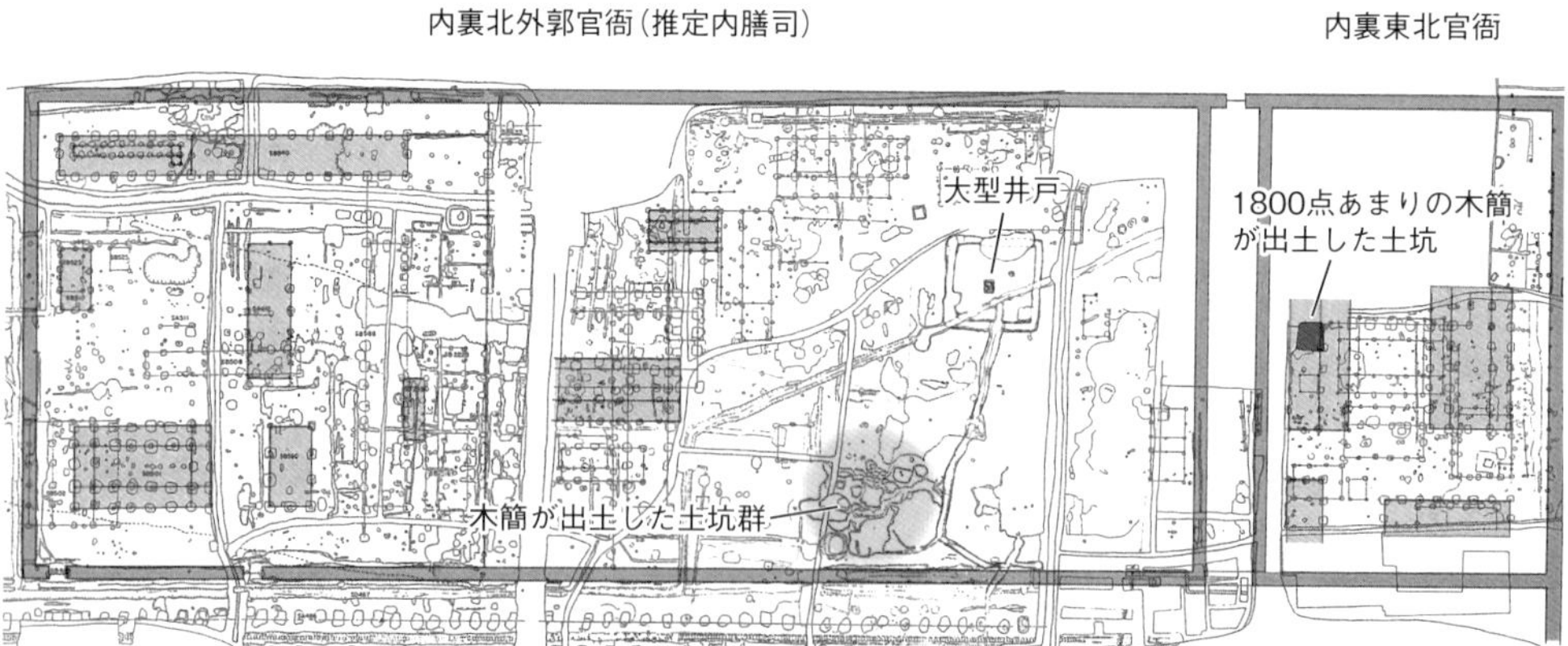

図47 ● 内裏北外郭官衙と内裏東北官衙の遺構図
内裏の北に展開する食材の貯蔵・管理空間（内裏北外郭官衙＝推定内膳司）と、その東の役所（内裏東北官衙）。

西宮は太上天皇宮として造営された空間なのであるから、太上天皇である孝謙がそこに食材を請求してもなんら不思議はないのである。

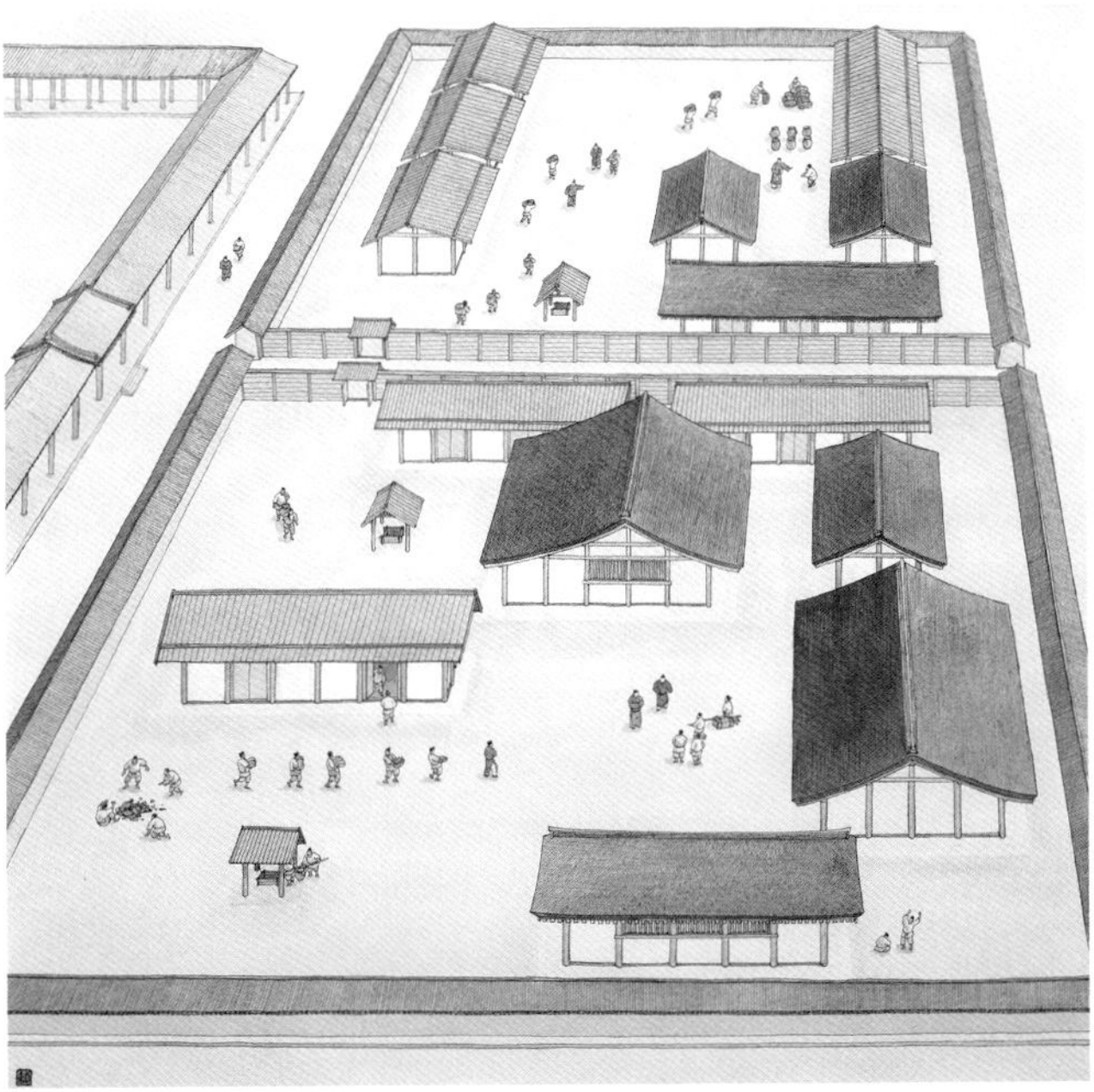

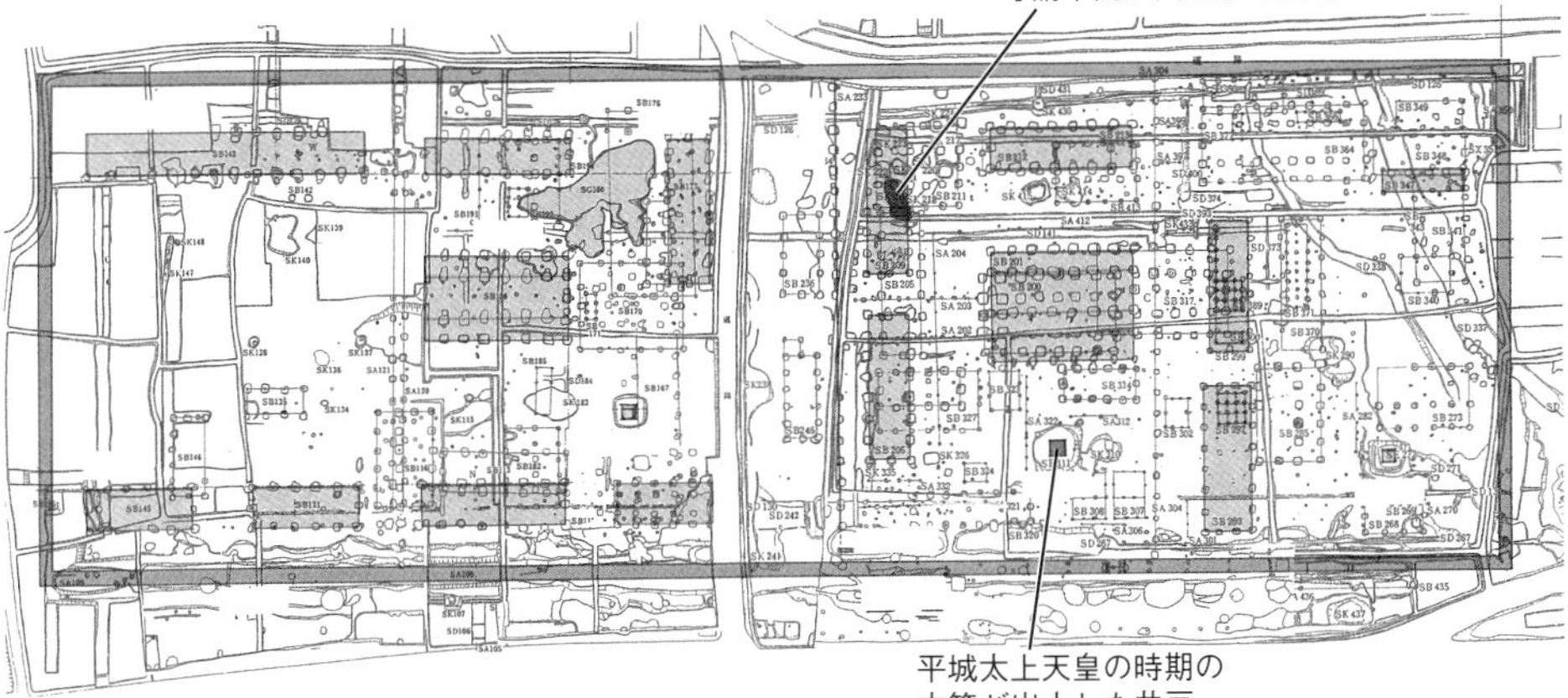

図48● 西宮北方官衙（推定大膳職）の建物配置と復元図（上：早川和子氏画）
西宮の北に展開する食材の貯蔵・管理空間。寺請木簡を含む平城宮跡最初の木簡は、1961年にこの役所のゴミ穴からみつかった。

内裏東北官衙

このように、内裏北方に内膳司、西宮北方に大膳職という推定は再検討の余地があると考えるが、じつは内膳司関連の木簡がまとまって出土している遺構がある。内裏東北に位置する内裏東北官衙の土坑である（**図47**）。内裏東北官衙は、南北七一メートル（二四〇小尺）、東西

図49 ● 貴族の食事と庶民の食事の推定復元（奥村彪生氏による）
木簡に登場する食材を用いて復元した、貴族の宴会用の食膳2種（上2点）と庶民の食事（下）。

四四メートル（一五〇小尺）の南北に長い役所で、この土坑はその中央西部に掘られている。ここから出土した一八〇〇点あまりの木簡（国宝）は、日本の木簡研究の基礎を形づくる大きな役割を担った。木簡の構成には複雑な一面もあって、内膳司のほかに、左兵衛府《さひょうえふ》、図書寮《ずしょりょう》などの存在を示唆する資料も含まれている。平城還都後のこの地域の大規模かつ広範囲の改造にともなう遺物の可能性がある。

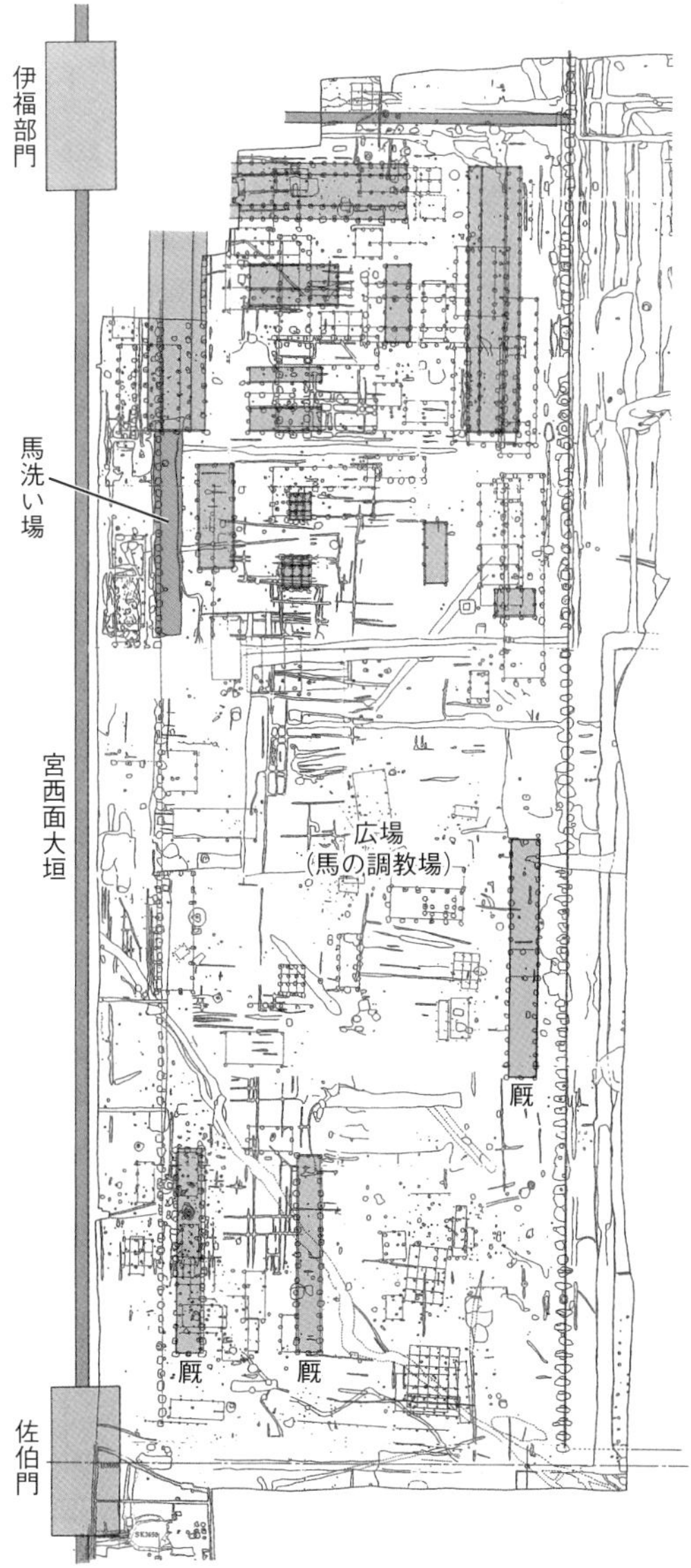

図50 ● 左馬寮の遺構図
北端に東西棟の正殿や事務・管理部門、南側に厩舎をはじめとする馬の飼育空間が展開し、中央には広場が設けられている。

馬寮

馬寮《めりょう》は、馬の飼育や管理を担当する役所である。宮西面中門の佐伯門から北へ伊福部門までの間、および南へ玉手門までの間の宮西辺には、ほぼ同大の南北の細長い役所が配置されていた。このうち前者は全貌が明らかにされている（図50）。南北二六〇メートル、東西九五メートルあまりの大規模な役所で、厩《うまや》とみられる長大な南北棟建物や、馬の水場とみられる長大な土坑などがみつかっており、「主《しゅ》馬《め》」などの墨書土器の出土や、平安宮の役所配置との比較などから、左馬寮《さめりょう》とみられる。一方後者は、佐伯門の近くで正殿とみられる建物を検出している程度で詳細はまだ不明だが、左馬寮と同規模の役所で、右馬寮《うめりょう》と考えて大過ないだろう（図51）。

図51 ● 右馬寮正殿と重複してみつかった弥生時代の方形周溝墓（南東から）
佐伯門内北側の左馬寮に対し、南側にはこれと同規模の右馬寮とみられる役所があり、正殿がみつかっている（調査区左の拡張部）。周辺には弥生時代の方形周溝墓も点在する（調査区右下）。

役所名比定の課題

所在のわかっている、あるいは推定されている役所はほぼ以上でつきる。ほかにも官司名が書かれた木簡は多数出土しているが、多くは東大溝や中央大溝などの遺物であり、廃棄元の特定は困難であるから、役所の所在地を特定する根拠にはなりにくい。むしろ役所名の書かれた墨書土器のほうが、近隣からの廃棄をストレートに語ってくれる場合がある。

たとえば、中央大溝南部から刑部省《ぎょうぶしょう》、弾正台《だんじょうだい》、内大炊《うちのおおい》、内木工《うちのもく》所《しょ》、旧南面西門付近の二条大路北側溝から雅楽寮《うたりょう》、宮西面中門佐伯門に隣接した右京一条二坊四坪の井戸から内薬司《ないやくし》などの墨書土器が出土している（図52）。このうち刑部省と弾正台は、平安宮においても朝堂院南西から西側にかけて所在したことが知られており、平城宮においても共通性がうかがえる。ただ、東区朝堂院と中央区朝堂院の間の南北に細長い敷地に所在したのか、中央区朝堂院の南西から西側にかけて所在したのかは、なお今後の課題である。

役所の様相は、かぎられた発掘事例からわかるだけでも多様である。それぞれの業務遂行に適した規模や構造で営まれた個性豊かな様子がみてとれる。また資料がたくさん眠っているのも役所ならではのことである。それはまさに平安宮に受け継がれていく役所配置の形成過程、すなわち日本型律令国家の建設にともなう試行錯誤の産物である。その意味では、日本の律令国家を解くカギは、平城宮の役所の跡にこそ埋もれていると言っても過言ではないだろう。

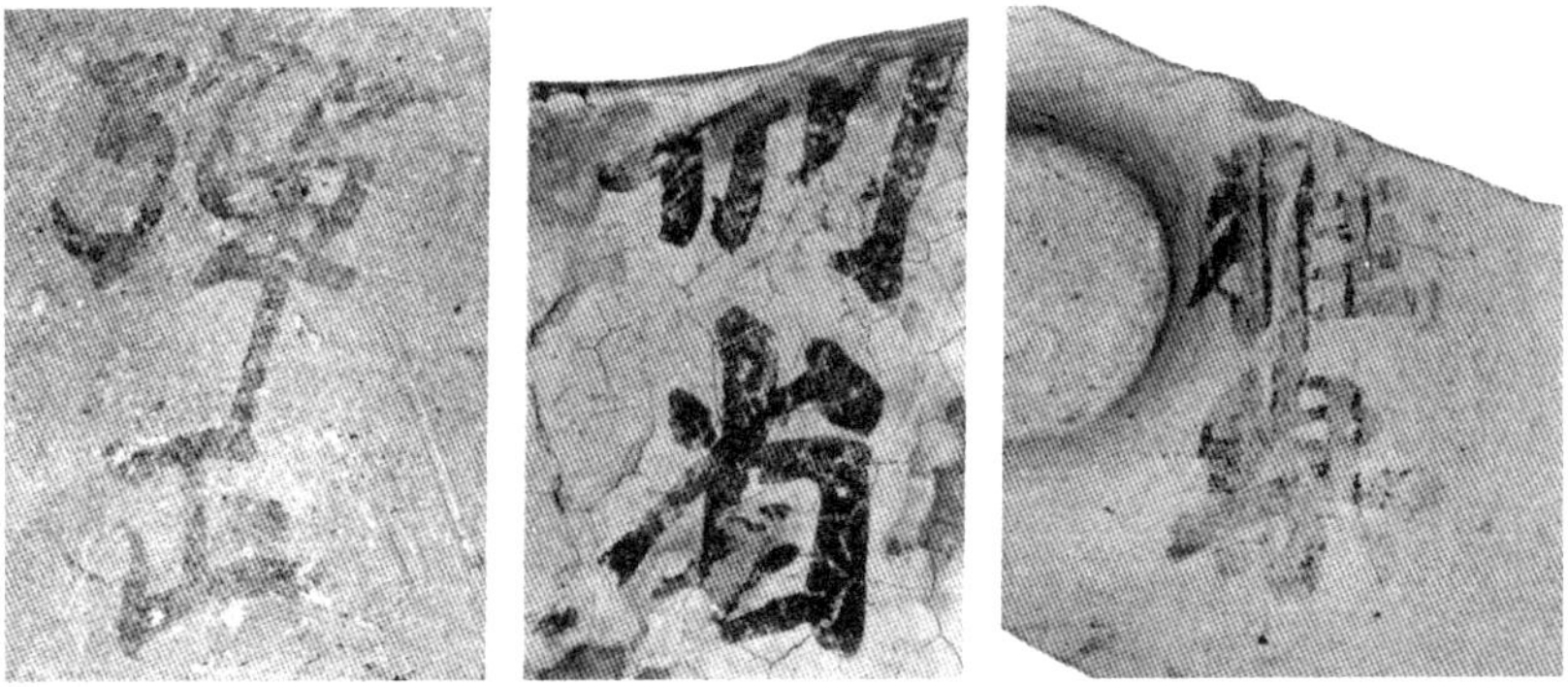

図52 ● 役所名を記した墨書土器
左から、「弾正」（弾正台）、「刑省」（刑部省）（以上は、中央区と東区の間の中央大溝出土）、「雅楽」（雅楽寮）（宮南面西門付近の二条大路北側溝出土）。

平城宮外にあった役所

平城宮の役所配置を考えるうえでは、京職や市司のように京内にあって当然の役所以外にも、平城宮外にあった役所の存在を念頭に置いておく必要がある。

たとえば、長屋王宅は彼の死後光明皇后の皇后宮になったとみられるが、奈良時代末期には太政官《だいじょうかん》厨家《ちゅうけ》として利用されたことが出土文字資料で確認されている（これは長岡京にも受け継がれる）。また、「宮衛令集解《くえいりょうしゅうげ》」開閉門条古記には、民部外司、葬儀司などの宮外の役所がみえるし、本文で述べた「内薬司」の墨書土器のように、京内から役所名資料が出土する場合もある。逆に平城宮内から、「式部外曹司進」のように、宮外の役所の存在を示唆する墨書土器がみつかることもある。

この点は平城宮周辺の京内の様相からもうかがえる。すなわち、宮の東から東南にかけては、藤原不比等や長屋王などの大規模宅地や離宮が展開するのに対し、宮真南の左京・右京の三条一坊北半には、大規模宅地の展開が認められず、宮を補完する役所用地として機能していた可能性が考えられる。平城宮はそれだけで完結する世界ではないのである。

平城宮前面の平城京左京三条一坊七坪の脇殿群（南から）。宮前面の一等地にもかかわらず建物規模はさほどではなく規格性にも乏しい。文献資料などから大学寮（役人の養成機関）の可能性が考えられる。

第5章　その後の平城宮

1　平城太上天皇と平城宮

平城宮の発掘調査でみつかる遺構は奈良時代の遺構のみではない。奈良時代に大規模な盛土をおこなっている場所では、文字どおり古墳時代や弥生時代の遺跡が平城宮の遺構の下に眠っている。そうでない場所や後世の削平がおよんだ地点では、奈良時代の遺構と同じ地面でそれらの遺構がみつかる場合もある。

一方、長岡京に都が移されて平城京が首都機能を失ったのち、平城宮はしだいに田畑と化していったから、平城宮時代よりもあとの遺構がまとまったかたちでみつかることは基本的にはない。水田や畑の土の上面から三〇―五〇センチ下に奈良時代の遺跡が埋もれているイメージを描いていただければよいだろう。

平城太上天皇と平城宮

ほとんど唯一の例外は、平安時代はじめの平城《へいぜい》太上天皇の時期の平安時代初期の遺構である。この時期の遺構がある地域としては、第一次大極殿院地区と東院庭園が代表的である。また、東区朝堂院の朝堂の基壇上にもこの時期の建物が認められる場所がある。

平城天皇は桓武天皇の長子で、その没後、八〇六年（大同一）に即位したが、病気のため八〇九年（大同四）に弟の嵯峨《さが》天皇に譲位し太上天皇となった。平安宮には平城宮のような太上天皇の空間が設けられていなかったため、各地に居住場所を探し求めた結果、白羽の矢が立ったのが平城宮だった。そして長岡遷都から四半世紀をへた平城宮内で新たな造営がはじめられ、同年中に平城に行幸する。明けて八一〇年（大同五）、造平城宮使を置いて造営が本格化するなか、平城太上天皇は一方的に平城京への遷都を宣言する。このころまでの太上天皇は、天皇の権限の分掌者であったため、こうした画策も可能だったのである。

これに対し、平安京の嵯峨天皇方は、伊勢・美濃・越前の関を閉じ（固関《こげん》）、平安京を戒厳下に置いたうえで、平城太上天皇の側近の藤原仲成《なかなり》・薬子《くすこ》の兄妹を追放する。機先を制せられた平城太上天皇は東国への脱出を図るが、坂上田村麻呂らに行く手を抑えられてしまい、やむなく平城宮に戻って剃髪を余儀なくされることになる（平城太上天皇の変）。

平城太上天皇は八二四年（天長一）に亡くなるまで平城宮に居住し、その生活を支えるための役所も置かれていたようである。その居住空間は、のちに彼の子たちに管理・居住が認められた「平城西宮」とみて誤りあるまい。遺構としても第一次大極殿院のⅢ期の遺構をあてることができる（図53）。西宮は第一次大極殿院の跡地に太上天皇宮として造営された宮殿であるから、太上天皇である平城が居住する空間としてふさわしい。

西宮の北に位置する大膳職推定地でも平安時代初頭の井戸が検出されている（木簡も出土、国宝）。平城太上天皇の生活を支えるため増員されたことが知られる水部《もいとりべ》や酒部《さかべ》の活動の場とみることができるだろう。

なお、平城宮でもう一カ所、平安時代初頭の遺構が展開する東院庭園についても、平城太上天皇と直接結びつくような史料はない。ただ、平城天皇の陵墓の名称である「楊梅」（『延喜式』に平城天皇楊梅陵がみえる）を別名にもつ宇奈多理神社（楊梅天神）が、東院庭園のすぐ北西の地に所在しているのは偶然ではあるまい。

図53●平城太上天皇の西宮の東限区画塀と雨落溝（南東から）
西宮の外側に、警備上の理由からか新たに設けられた東辺の区画塀とその雨落溝とみられる遺構。中央区と東区の間にあたる場所で、奈良時代の遺構はまったくみつからなかった。

平城太上天皇没後の平城宮

このほかには平安時代初期の遺構が大規模に展開しているところはないが、変後も平城太上天皇は平城宮域全体の管理をまかされていたらしい。弘仁年間（八一〇―八二四）に平城太上天皇は唐招提寺に塔を造営し、また平城宮の建物を移築して長廊《ちょうろう》を設けたと伝える。一般に天平宝字年間（七五七―七六五）とされる東朝集堂の唐招提寺講堂としての寄進も、前述のようにこれらと一連の平城太上天皇の発願《ほつがん》にもとづく行為とみるべきであろう（**44頁参照**）。

その後、八六四年（貞観六）には、平城旧京内の開墾地から、田租《でんそ》を徴収することにしたという記事があり、「都城道路、変為蔬田畝。」（都城道路、変じて蔬田の畝《うね》となる）という慨嘆がある。そして、八九八年（昌泰《しょうたい》一）に宇多《うだ》上皇が、吉野行幸の途次、法華寺に立ち寄った際には、平城宮重閣門《じゅうかくもん》（朱雀門か）の故地で、路傍に酒菓が用意されているのをみたという。門跡が視認できるような状況だったことがうかがえる。なお、平城太上天皇の子孫は平城宮に居住することを許された。平城宮北辺の御前池北西に残る戦国時代の山城超昇寺《ちょうしょうじ》城《じょう》は、子の高岳《たかおか》親王（真如法親王《しんにょほっしんのう》）が建てた超昇寺に由来するとみられている。

2　平城宮の「発見」と保存

平城宮の発見―北浦定政の平城宮研究―

平城宮（京）の跡に注目した最初の人物は、江戸時代末の大和古市《ふるいち》の人、伊勢藤堂藩の城和奉行所の役人だった北浦定政《きたうらさだまさ》（一八一七―一八七一）である。国学を学び尊皇思想の影響を受け、天皇陵研究や大和国条里と平城京の研究に取り組んだ。自作の測量車や歩測で実測を重ね、一八五二年に「平城宮大内裏跡坪割之図」を完成させた（図54）。外京の欠落、北辺坊を左京にも想定するなど、修正すべき部分はあるものの、きわめて正確な平城京復元図といえる。平城宮部分については、方八町と認識していたのはいたしかたないところといえようが、現在でも通用する重要な情報がたくさん盛り込まれている。

関野貞と喜田貞吉の研究

明治に入り平城宮を研究対象とする学者があらわれる。関野《せきの》貞《ただし》（一八六八―一九三五）と喜《き》田《た》貞吉《さだきち》（一八七一―一九三九）である。奈良県内寺社の調査と

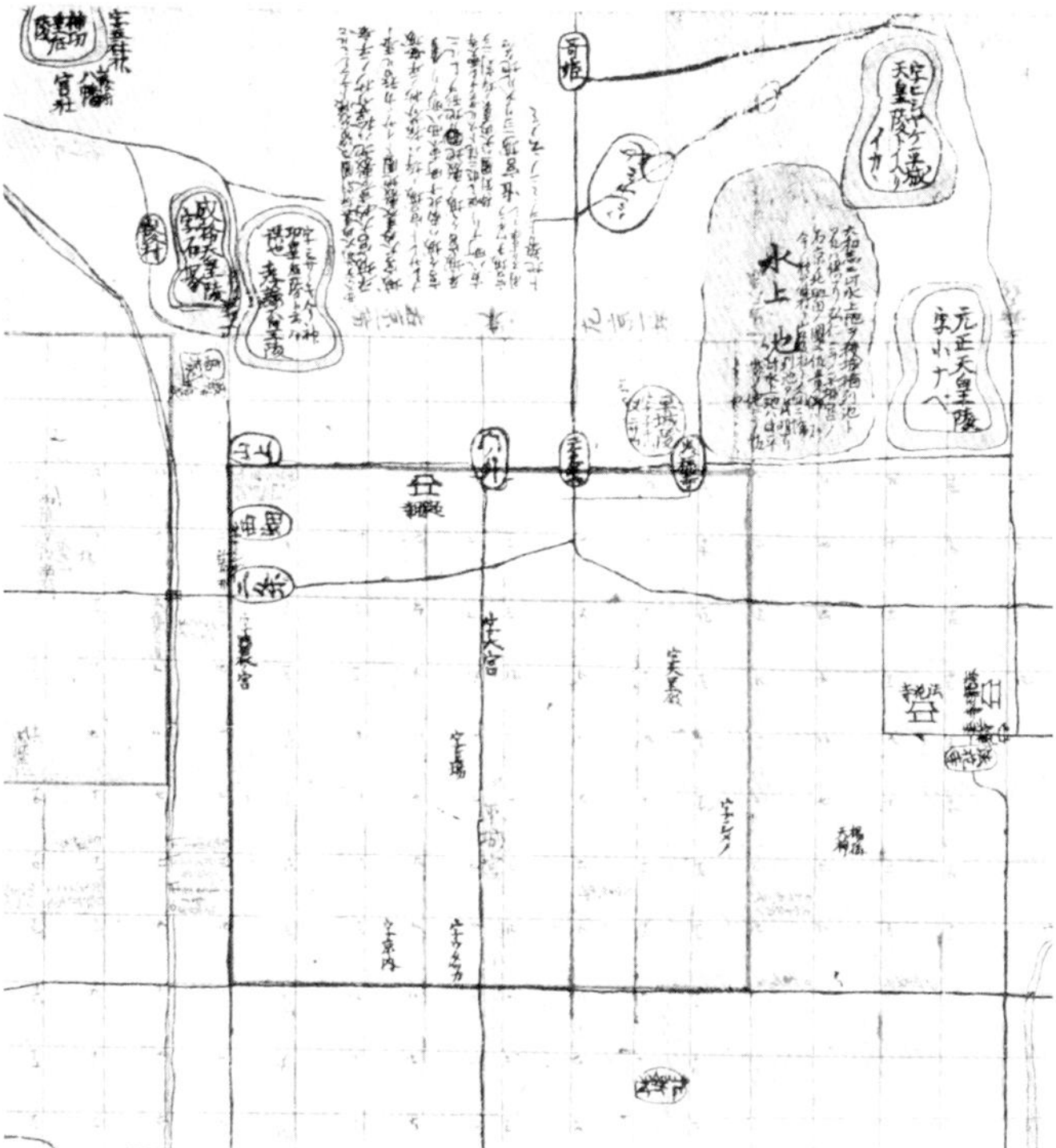

図54 ● 北浦定政「平城宮大内裏跡坪割之図」（複製）の平城宮とその周辺部分
中央の赤の太線の範囲が平城宮の方形部分。大黒殿・大宮・内裏宮・シメノなどの字名がみえる。その右外側に「楊梅天神」とあるのがいまも東院に所在する宇奈多理神社。

保存修理を担当していた関野は、「大黒の芝」とよばれていた土壇が大極殿の跡であることを突き止め、一九〇〇年に「古の奈良　平城宮大極殿遺址考」（奈良新聞）を著し、一九〇七年に『平城京及大内裏考』をまとめる。一方、喜田は一九〇六年に「平城京の四至を論ず」を発表し、一九一五年に『帝都』を刊行する。喜田は在野の立場から関野に論争を挑むが、二人の学問への情熱が以後の都城制研究の基礎を形づくったといっても過言ではないだろう。

平城宮の保存運動と史蹟指定

彼らとは別に、市井から平城宮の遺跡に熱い視線を浴びせる人びとがいた。溝辺文四郎（一八五四―一九一八）と棚田嘉十郎（一八六〇―一九二一）である。

溝辺文四郎は、一八九五年の平安奠都《てんと》一一〇〇年祭を契機に、平城宮跡顕彰を考えた。一方、棚田嘉十郎は、一八九六年に都跡《みあと》村の山下鹿蔵《やましたしかぞう》から「大黒の芝」などの地名の存在を教わり、その案内で大極殿跡を訪ねる。皇居跡が牛馬の施肥の場になっていることを慨嘆した彼はまた北浦定政の業績を知り、その平城京図を印刷して宮跡を訪れる人に配布をはじめる。

そして一九〇〇年に関野貞の記事に接して感銘を受けると、平城宮跡の保存顕彰運動を開始し、溝辺文四郎の流れと合流する。一九〇六年には平城宮址保存会、一九一三年には奈良大極殿址保存会が設立され（会長徳川頼倫）、当該地の買収も進められるようになった。一九一九・二〇年には、現在の東区朝堂院・朝集院外周に石積みの堀と道路をめぐらせる（幅八尺、深さ三尺の石組み護岸の溝）という平城宮跡最初の保存整備工事もおこなわれた（ただし、本来なかったこの溝の掘削・整備は、遺跡の破壊を産んだ）。

こうした保存運動は、最終的には一九二二年、史蹟名勝天然紀念物保存法による「平城宮址大極殿朝堂院跡」四七ヘクタールの史蹟指定として結実することになる。これが現在の特別史跡平城宮跡の骨格となる最初の指定である。保存会は買収した九ヘクタールを国に寄付して解散。経緯を記して建立された平城宮阯保存紀年碑はいまも朝集院南側にその姿をとどめている。

史蹟指定が実現したとき、溝辺も棚田もすでにこの世を去っていた。とくに棚田の死は、集めた寄付金を新興宗教団体に騙しとられた責任をとっての抗議の自刃だった。保存運動の結実には、溝辺と棚田が顕彰されることが多いが、これに先立つ地元有志の力も忘れてはならない。戸尾善右衛門・岡島彦三（村長）・堀之内高潔（郡長）・松田利三郎（惣代）・岡田庄松らの名をあげておこう。

平城宮の発掘調査

平城宮跡にはじめて発掘調査の鍬が入れられたのは一九二四年のことである。考古学者上田三平の手になるもので、「大極殿歩廊側溝敷石」（大極殿周辺の回廊雨落溝）や礎石列などを発見している。ついで、一九二八・二九年には、奈良県技師岸熊吉による発掘調査によって、大極殿北東で石積の溝が（東大溝）が発見され、「宮内省」墨書土器が出土した。これにより、指定地の北への拡大がなされることになる。

本格的な発掘調査は、敗戦後、一九五二年の文化財保護法による特別史跡指定をまってようやく実現した。一九五三・五四年、一条通りの拡幅にともなって掘立柱建物の遺構がみつかったのを受けて、奈良国立博物館・奈良女子大学と一九五二年に発足したばかりの奈良国立文化財研究所の三者による平城宮跡の第一次調査が実施された。一九五四年には文化財保護委員会による内裏周辺の発掘調査がはじまり、一九五九年からは、奈良国立文化財研究所による本格的な発掘調査が開始され、以後継続的な発掘調査がおこなわれて現在に至っている（図55）。

この間、平城宮跡は、宮西

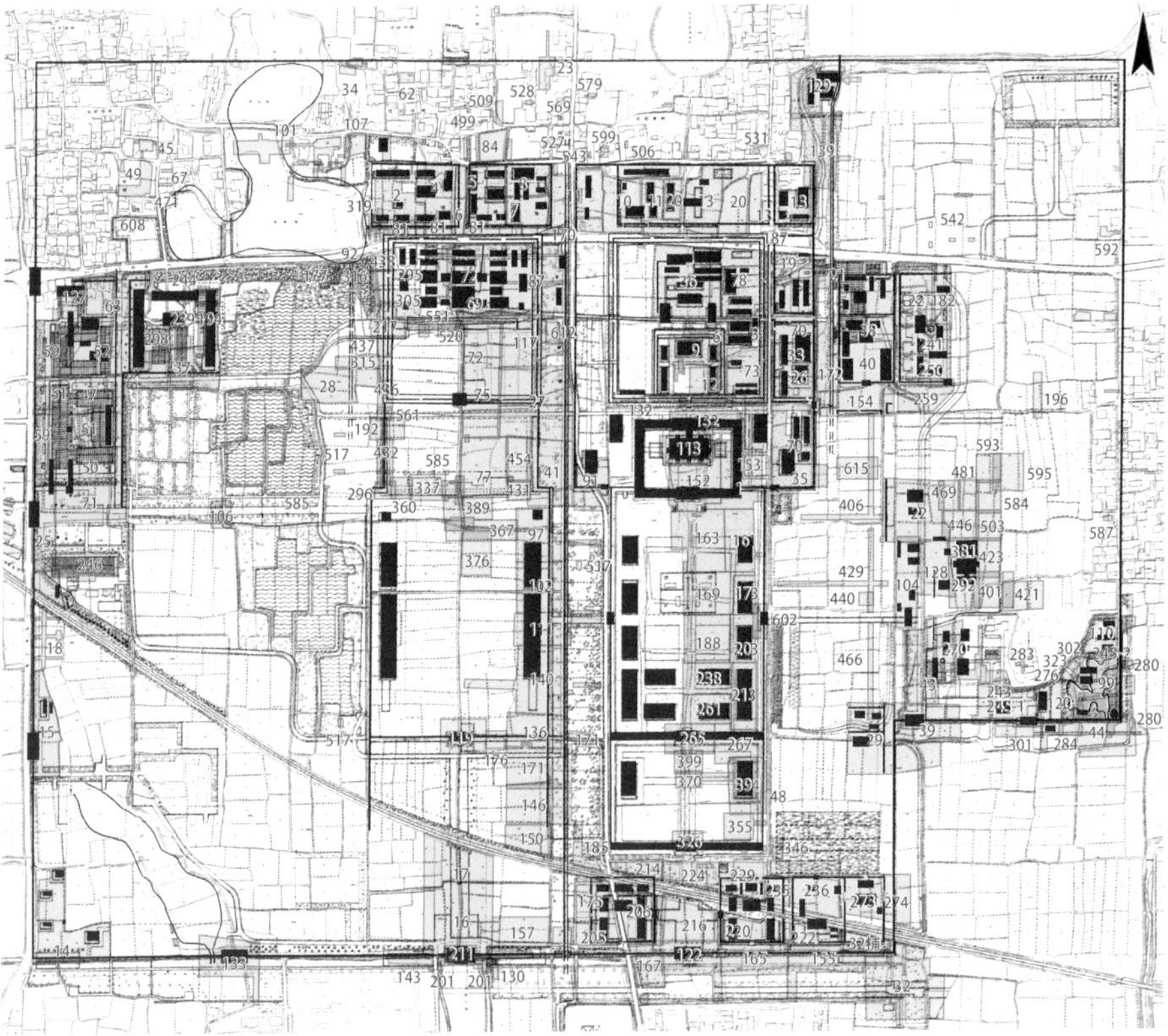

図55 ● 平城宮跡発掘調査地点図
オレンジ色部分が発掘調査を終えた箇所。130haにおよぶ遺跡のまだ38%程度。1959年以来60年におよぶ継続的な発掘調査はまだ道半ばである。

南部における近鉄検車区建設計画と、宮東辺における国道二四号線バイパス建設計画という、二度の大きな保存の危機に見舞われた。市民の力による全国的な保存運動の高まりによってこれを切り抜けた経験が、国有化による全域保存を実現させることになる。

3　未来の平城宮にむけて

古代国家史における平城宮の位置づけ

平城宮跡の継続的な発掘調査がはじまった一九五九年ごろ、八世紀のイメージといえば、おそらく律令国家の崩壊過程というものだっただろう。七〇一年（大宝一）の大宝律令の施行によって日本古代国家は完成し、以後は三世一身法《さんぜいっしんのほう》や墾田永年《こんでんえいねん》私財法《しざいのほう》の施行による公地公民の崩れという理解に代表されるように、律令体制は弛緩していくと捉えられていた。

　ところが、これら土地制度の改変は、古代国家の土地支配をむしろ前進させるものだったという墾田永年私財法に関する吉田孝氏の画期的な研究を主たる契機として、八世紀の位置づけの理解は大きく変化することになる。大宝律令の施行はつくりあげるべき国家の理想像を示したものであり、唐から直輸入した律令にもとづく政務運営方法を、日本の実態に即して組み替えていく、いわば日本独自の律令制の建設過程として、八世紀を捉え直そうという気運が高まったのである。平城京はまさにその舞台であって、その中心に位置づけられるのが平城宮だったわけである。

そうであれば、平城宮跡には日本の古代国家の建設過程が、土に刻まれて残っていることになる。その解明は、まさに日本の律令国家の建設過程の解明そのものにほかならない。平城宮跡は日本古代国家の建設過程の生きた証なのである。

これまで六〇年におよぶ平城宮跡の発掘調査で明らかになってきたのは、平城宮では足かけ七五年間にしかすぎないなかでさまざまな試行錯誤がくり返され、平安宮へと受け継がれていく構造が組み立てられていったことである。とはいえ、六〇年間で調査を終えたのは、遺跡全体のまだ四割弱にすぎない。全容の解明までにまだ数世代にわたる時間が必要な息の長い事業であるのは明らかだが、調査面積が増えれば、それによって明らかになる事実は等比級数的に増大していく。何よりも継続が大きな力となる事業である。

遺跡の整備の基本は発掘調査である。発掘調査成果にもとづかない整備はありえない。これまで六〇年におよぶ世界に誇るべき一大文化事業ともいうべき継続的な発掘調査成果を真に活かすためには、引きつづき地道な発掘調査をさらにつづけていくことがなによりも肝要である。世界遺産・特別史跡として、その真価が問われるのはまさにこれからである。

（トピック５）

今後の平城宮跡

平城宮跡の整備事業は、かつては発掘調査を担当する奈良国立文化財研究所が、みずから調査成果にもとづいて実施していた。それは推定宮内省・朱雀門・東院庭園などの建物復元のほか、式部省・兵部省の半立体表示、内裏や北方官衙のツゲの植栽による柱表示、内裏や造酒司の井戸のレプリカによる復元、東区朝堂院の大嘗宮や市庭古墳周濠の平面表示、さらには遺構展示館の露出展示など、多彩な方法によっている。

しかし、二〇〇一年の奈文研の独立行政法人化後は、整備の実施は奈文研の手を離れた。また、文化庁の管轄下にあった平城宮跡は、二〇一〇年の平城遷都一三〇〇年を機に、国土交通省の国営公園化が決まり、二〇一八年三月には、その第一次開園を迎えた。現在は文化庁と国土交通省で分担している状況だが、今後徐々に国土交通省の国営公園としての整備が進められていくことだろう。文化庁による第一次大極殿に続き、現在進行中の南門・東楼・西楼を含む第一次大極殿院築地回廊の復元整備もその一環である。京奈和自動車道地下トンネルの直下の通過は避けられたとはいえ、平城宮跡はいろいろな意味でいま大きな岐路に立たされているように思う。

平城宮第二次大極殿付近にて。

参考文献（一般向けの刊行物にかぎり掲載）

井上和人・粟野　隆　二〇一〇『平城京ロマン―過去・現在・未来　今、古の都のさんざめきが聞こえる―』あをによし文庫　京阪奈情報教育出版

舘野和己　二〇〇一『古代都市平城京の世界』日本史リブレット七　山川出版社

田中　琢　一九八四『平城京』古代日本を発掘する三　岩波書店

田中　琢編　二〇〇三『古都発掘―藤原京と平城京―』岩波新書

田辺征夫・佐藤　信編　二〇一〇『平城京の時代』古代の都二　吉川弘文館

坪井清足編　一九七五『平城宮跡』日本の美術一一五　至文堂

奈良文化財研究所　二〇〇五『平城宮　兵部省跡』吉川弘文館

奈良文化財研究所　二〇一〇『図説　平城京事典』柊風舎

奈良文化財研究所　二〇一九『藤原から平城へ―平城遷都の謎を解く―』

奈良文化財研究所　二〇二〇『奈良の都、平城宮の謎を探る』

町田　章　一九八六『平城京』考古学ライブラリー四四　ニュー・サイエンス社

宮本長二郎　二〇一〇『新装版　日本人はどのように建造物をつくってきたか　平城京―古代の都市計画と建築―』草思社（初出一九八六）

渡辺晃宏　二〇〇九『平城京と木簡の世紀』日本の歴史〇四　講談社学術文庫（初出二〇〇一）

渡辺晃宏　二〇一〇『平城京一三〇〇年「全検証」―奈良の都を木簡からよみ解く―』柏書房

世界遺産・特別史跡　平城宮跡

平城宮の遺跡約一三〇ヘクタールが特別史跡に指定されて保護されている。現在、周辺の史跡平城京朱雀大路跡などを加え、国営の「平城宮跡歴史公園」として、第一次大極殿院の復元や朱雀門前のガイダンス・便益施設などの整備が進められている。

平城宮跡資料館

・奈良市二条町2—9—1
・電話　0742（30）6753
・開館時間　9：00～16：30（入場は16：00まで）
・休館日　月曜日（月曜が休日の場合はその翌平日）、12月29日～1月3日
・入館料　無料
・交通　近鉄大和西大寺駅北口を出て、道なりに東へ約15分。

平城宮跡の発掘調査を継続しておこなっている奈良文化財研究所の展示・研究成果公開施設。平城宮跡の歴史や発掘調査の過程を紹介するとともに、役所や宮殿の様子を再現している。平城宮跡見学前にまず立ち寄りたい。他に見学施設として、発掘調査でみつかった遺構をそのまま展示する「遺構展示館」や奈良時代後半の庭園とその建物を復元整備した「東院庭園」（特別名勝）がある（開館時間・休館日は同じ）。

平城宮跡資料館

平城宮いざない館

・奈良市二条大路南3—5—1
・電話　0742（36）8780
・開館時間　10：00～18：00（入館は17：30まで）、6～9月は18：30（入館は18：00まで）
・休館日　2月・4月・7月・11月の第2月曜日（祝日の場合は翌日）、12月29日～1月1日
・入館料　無料
・交通　近鉄奈良駅・JR奈良駅西口から路線バス学園前駅行きにて「朱雀門ひろば前」下車すぐ。ぐるっとバスで「朱雀門ひろば」下車すぐ。

平城宮跡歴史公園のガイダンス施設。出土遺物やイラスト、復元模型など斬新な手法による展示が楽しめる。

平城宮いざない館

遺跡には感動がある

――シリーズ「遺跡を学ぶ」刊行にあたって――

「遺跡には感動がある」。これが本企画のキーワードです。

あらためていうまでもなく、専門の研究者にとっては遺跡の発掘こそ考古学の基礎をなす基本的な手段です。また、はじめて考古学を学ぶ若い学生や一般の人びとにとって「遺跡は教室」です。

日本考古学では、もうかなり長期間にわたって、発掘・発見ブームが続いています。そして、毎年厖大な数の発掘調査報告書が、主として開発のための事前発掘を担当する埋蔵文化財行政機関や地方自治体などによって刊行されています。そこには専門研究者でさえ完全には把握できないほどの情報や記録が満ちあふれています。しかし、その遺跡の発掘によってどんな学問的成果が得られたのか、その遺跡やそこから出た文化財が古い時代の歴史を知るためにいかなる意義をもつのかなどといった点を、莫大な記述・記録の中から読みとることははなはだ困難です。ましてや、考古学に関心をもつ一般の社会人にとっては、刊行部数が少なく、数があっても高価なその報告書を手にすることすら、ほとんど困難といってよい状況です。

いま日本考古学は過多ともいえる資料と情報量の中で、考古学とはどんな学問か、また遺跡の発掘から何を求め、何を明らかにすべきかといった「哲学」と「指針」が必要な時期にいたっていると認識します。

本企画は「遺跡には感動がある」をキーワードとして、発掘の原点から考古学の本質を問い続ける試みとして、日本考古学が存続する限り、永く継続すべき企画と決意しています。いまや、考古学にすべての人びとの感動を引きつけることが、日本考古学の存立基盤を固めるために、欠かせない努力目標の一つです。必ずや研究者のみならず、多くの市民の共感をいただけるものと信じて疑いません。

二〇〇四年一月

戸沢充則